坪林北宜路上最美的新地標

良醫藥師本舖在北宜路上閃耀,詮釋出健康生活的內涵與底蘊,
成為在地居民的好厝邊,最接地氣的健康守望。

MATSU 良醫藥師本舖

松 竹 蘭 梅
Menu Tube Ran Mum

「健康」是能讓大家感受到
源源不絕的快樂精神!

良醫藥師本舖

いい医者・薬剤師・古い家

劉惠蘭 藥師 —— 著

劉國銀、劉郭素卿 —— 編審

坪林茶鄉 ╳ 老屋新生 ╳ 共善共好
打造松竹蘭梅健康販賣所
實踐健康是人生中的第一選擇!

Contents 目錄

自序

走讀坪林｜
「良醫藥師本舖」承載茶鄉世代的共善與共好　　　16

　　「品味人生，請用茶——」這是坪林生活的寫照，在茶鄉生活中，最喜歡炒茶時節撲鼻而來的香味，在空氣中瀰漫裊裊香氣，令人沉醉其境。

醫藥使命｜
坪林半世紀老宅院，與健康共生

輯 I

很多人看見的，就是一間半世紀的斑駁老屋，然而老屋將與健康共生，傳承許多代人的記憶和生活。

健康風潮｜
一起來老屋品茶、喝咖啡、找健康

輯 II

匠心獨具的藥舖子，一路拾級而上，四個樓層配置，彷彿跟隨四季的變化，應運而生松、竹、蘭、梅，四個意象和健康境界──

Contents 目錄

藥師好厝邊｜
健康不打烊，用愛串起街頭巷尾

輯 III

以茶鄉為家，用愛與熱忱澆灌，結合自身藥師與醫師
專業背景，坪林老宅變身人情舖子，成為在地居民的
好厝邊，守護健康。

醫藥起家 |
共好時代，打造社區健康願景

歲月有痕，一生懸命，這份行願如同大智菩薩，在坪林留下醫藥精神的足跡。

輯 IV

創辦人的話

健康零距離

行動造就未來——

　　感謝一路上的先人、貴人和導師，對我們的祝福！健康飲食共分為 3 個角度，分別是「過去的健康」、「現在的健康」、「未來的健康」，以時間為軸線，從健康角度探討了過去、現在和未來，我們所面臨的食物、生存、環境、生活等問題。

　　我們鼓勵大家參與、實現良醫藥師本舖「健康零距離」的目標，亦鼓勵更多的年輕人參與進來，打破傳統的界限，在思考與解決社會健康問題中，展示出他們的藝術和創意的力量。

　　「良醫藥師本舖」的概念，與人類和環境的健康發展緊密聯繫，亦是世界各國面臨的問題。同樣，健康作為一種教育和傳播的力量，應該為社會貢獻出應有的力量。

　　食物與健康是這個世界的潮流，我們認為醫藥精神致力於健康，並通過視覺和聽覺等形式，把健康知識傳達給大眾，產生健康行動的認知與力量，而我們通過此次籌建的行動，在良醫藥師本舖於健康主題上，希冀可以造就一個青銀攜手、展望健康的未來。

「良醫藥師本舖」共同創辦人 **張大力** 院長

榮譽指導的分享

命運進行式

「命運」是消極的宿命觀；「運命」是我們從身體力行積極的行為去轉動「命運」。

萬物中的因果關係，有先天的定律，現在與後天的努力，可以移動命運軸線。醫者實踐健康，很榮幸擔任顧問指導，參與見證這場健康的里程碑……。

近日我正籌備「命運」、「運命」的生命智慧內容，這樣的內容能夠呼應「良醫藥師本舖」圓滿上行的健康目標，於此獻上祝福。人生命運要靠自己創造，未知的宿命是冥冥中所安排，我們可以從周遭的環境來創造，改變並尋找機會！

命運中的寶典有 3 個「神器」力量，象徵崇高天皇手中的「寶劍」、「鏡子」、「玉器寶袋」。

人生幸福？財富獲得？健康長壽？原來生命中最重要的是行動力，能夠改變自己去創造「運」。

「運」是一種氣、磁場、機會，可讓我們趨吉避凶，使我們的人生變得幸福美滿的學問。命運是宿命觀；而運命是「運」在正面積極的行為中去改造轉動「命」。

我們人生中所追求的一切，都在「命與運」中進行，有圓滿的理論，命運進行式也有周詳的方法和令人滿意的結果。在此勉勵大家，永遠懷抱熱情、堅持理想，同時培養好的人際關係，為自己創造好的運，相信這把寶劍可以越磨越亮，突破限制、超越自我，建立美滿的人生。

　　以上，也是我人生寶典的內容精華，同步與台灣讀者分享，一起邁向健康幸福！

瑞圓堂創辦人　小川和久（Ogawa Kazuhisa）

小川和久（Ogawa Kazuhisa）鑑定士
中文姓名為李兆迅

【學經歷】

‧日本易道學校（退休）教授
‧名古屋朝日文化中心（退休）講師
‧日本各企業的顧問
‧在各企業請求提早退休後，回到台灣
‧前日本 STAC 遊戲協會事務長。2001 年自日本遊戲業界退休之後，與夫人李容璿來台定居（共同為本書的榮譽指導），目前隱居高雄，為瑞圓堂主人

【著作】

《台湾の風》

【即將出版】

《婚活術》、《運の方程式》

慈濟大愛精神，
陪伴圓滿最後一哩路

親愛的惠蘭摯友，一路一起走過奮鬥歷程！

您的善良不同一般業者，願意用心、用愛兼顧個案身心的健康和美，結識 20 餘載，您們的善、純，依然如昔，忙中敘舊發現，雖然我們的工作屬性完全不同，但心念是相同的，彼此願意在大環境的變遷下，不謀而合地在各自的崗位上做著相同的事。

您們用著精湛的技術，雕塑著美，專業的引導著身邊所有人如何吃出健康，快樂過日子。

不同領域的我，身處長照，一路陪伴老、衰、病的長輩，歷經 30 年的職業生涯，常和學生分享照顧個案就像在做一件藝術品一樣，讓長輩乾乾淨淨，看起來整齊舒服，彷彿是看到一件藝術品一樣賞心悅目，縱使在他們已經無法給你任何回應時，仍要以著一份感恩的心去對待。

心的交流是愛，長輩可以感受到我們的溫暖，照顧的延續是他們的家人，甚至是長輩的身後事，日夜相處的長輩儼然已經是我們的家人了，能幫他們在臨終前圓夢、化解彼此的芥蒂、表達歉意、道出愛和感謝，圓滿的道別，彼此能生死兩無憾。

　　在帶領過中，發現並化解了許多子女在喪葬繁文縟節中的糾結爭執，減緩許多家屬的哀傷，這一切都是要感恩先人的奉獻，讓我有機會學習和傳承。

　　現在的東京風采不也是以著助人、傳承和承擔著社會責任，匍匐向前邁進嗎？無庸置疑！一直都是這樣，感恩因工作結識，因理念相惜，人若是一本書，有您在過程中用心彩繪、撰寫，也有我在最後幾頁添上幾筆，甚至是幫忙把書闔上，這是多麼有意義的事，最後謹祝平安吉祥。

長照中心主任 **黃瑞蘭** 護理師

「勇往直前，活到老，學到老！」
55歲完成臨床藥學碩士！

這個人是我當年認識的「優雅大姐」嗎？

不！不！不！在她的身上，我看到一個人的努力、奮鬥、成長到成功，現在竟然還邀請我幫她寫序，讓我高興萬分，感到無比光榮。

惠蘭是我榮總同事，有緣分常常分到同一個地點共事。當年的她十分開朗，經常笑口常開，而且年輕又美麗。我與她的另一半都是醫師，所以有很多醫師娘的酸甜苦辣可以分享。

年輕時的話題可能是小孩的教養，也可能較辛辣的酒店妹：「妹妹，昨天酒店妹來看病，留下她的傘，上面有酒店店名、手機號碼，這是什麼意思？她想怎樣？」如今則是擔憂，開始思考如何培養子女繼承家業。

張醫師夫妻郎才女貌，鶼鰈情深，印象最深的事，有一年的情人節，張醫師抱著 99 朵玫瑰花來找惠蘭，轟動整個門診藥局，羨煞多少人（包括我在內）。

公職的飯碗雖然辛苦，但是比較穩定，惠蘭當年離開榮總充滿不捨，但是如果不是張醫師的開業，有了當年的契機，又如何知道惠蘭的能力如此

強大，待在榮總只是埋沒人才。

惠蘭雖然離開榮總，但並沒有離開藥師的專業，我們常以同學互稱，常常討論藥學新知，分享知識：

Singular 不是氣喘用藥嗎？為什麼用在乳房外科？

xx 藥最近很夯，副作用這麼多，要怎麼用，要如何避免副作用？

xx 藥會過敏，要改用什麼藥？

xx 防腐劑很多，要小心注意成分！

諸如此類，關於藥學的學問很深很多，總有很多的話題可以討論。創業不易，創業艱辛，創業成功，又應用本身的學問推廣健康飲食和藥品，造福大眾，然後回饋社會。這樣的精神讓我佩服，惠蘭藥師我以您為榮！以您為導師！

《藥師照護一點通》協編作者 **楊淑晴** 藥學碩士

楊淑晴

法國巴黎美食夢想家
BRENDA──張淇雅舖長

民以食為天，食物是生存的必須元素，就像陽光、空氣、水，缺一不可。

人類與食物的關係，隨著都市化的腳步越來越緊湊，感謝我有一個支持我的家庭。我從小時候就時常在廚房玩食物，我喜歡做桌菜，一大家族吃飯的氣氛好熱鬧，前前後後在廚房忙碌的時候，我像是交響樂的總指揮。

在坪林看到從最原始的原屋況，慢慢開始規劃，我和弟妹還有到現場去打掃整理，這樣做的原因，都是要為健康創造一個夢想和未來！

這就是我們的健康心意！

張淇雅

【藥舖子未來舖長】有話要說

「透過這個屋子嶄新期望，願每個人都能在這裡實現夢想。」

「我家就是咖啡館！」我喜愛到咖啡廳坐坐，但我最愛的咖啡館，仍是我的家。

將喜愛的元素及氛圍帶進這裡，那麼時時刻刻，都能享有一份咖啡館獨有的輕快恬淡氛圍。

張祐綾

熱愛電商的哈日少女——
張祐綾舖長

走讀坪林｜
「良醫藥師本舖」承載茶鄉世代的
共善與共好

劉惠蘭

走讀坪林，承載人情味的起點，「良醫藥師本舖」故事篇章由此開始。

「品味人生，請用茶——」

這是坪林生活的寫照，在茶鄉生活中，最喜歡炒茶時節撲鼻而來的香味，在空氣中瀰漫裊裊香氣，令人沉醉其境。

坪林茶日子，健康初心逐漸成形

隨風揚起的茶香氣味，可以慢下現代人忙忙碌碌的腳步，一股清香由濃至淡飄散在空氣中，彷彿兜圈了一個記憶猶新的想像……，茶鄉巡禮洗去城市塵勞。

茶日子隨著二十四節氣「春來夏去」、「秋收冬藏」，年年茶鄉生活，在採茶、炒茶、品茶之中，四季交替邁進了 10 年！

萬物中的真理，茶趣人生的候鳥等候，在疫情

> 隨風揚起的清新茶香，
> 放慢了現代人忙碌的腳步。

時刻，品茶的日子裡泡出人生不一樣的光景！走讀坪林，承載人情味的舖子，茶中的黃金屋，故事篇章由此開始。

每一個環節，蘊含著天、地、人、事物的精華，轉化成每一口回甘的老梅精神，「良醫藥師本舖」健康初心逐漸成形。

人生際遇並非偶然，來到坪林更是一份巧妙的機緣，2013 年搬來坪林，茶鄉生活中的點滴淬鍊、醞釀長達近 10 年的時間。

一茶一世界，冥冥之中老天爺的安排，造就我們和坪林緊密相連，因坪林在地人口老化而深感醫療的缺乏，看見玖德中醫診所開辦巡迴醫療，提供健保服務和良善資源，決定投入畢生所學，在茶香中泡出人生的第二春，創立「良醫藥師本舖」。

坪林有著好山、好水、好茶的茶園景觀和自然生態特色。

坪林作為「健康護照」展開的亮點

　　「良醫藥師本舖」蘊含了老街文化、傳遞健康展望、承載記憶中的人情溫暖，以「上好」（台語）的職人精神，一滴健康入魂，泡出每一杯健康滋味的好茶、咖啡飲品。我們採用坪林時令食材，融入健康飲食，結合音樂、人文、茶禪生活、藝文展演講座等，提升淨化身心靈三層面，定期的說學逗唱表演與食趣展演，伴隨食藝軌跡，記錄下每一場健康盛宴。

　　我們鼓勵孩子，延續世代相傳的房子，像樹的年輪般一層層的形成，不僅代表建築物的耐用性，還有房子歷久彌新的精神，相互共生達成循環利用、社會公益與當地創生結合的友善方案，將原本的住房觀念「私有財產」，轉變為貢獻社會的「公共財產」。

坪林茶鄉✕青銀攜手，賦予坪林新生力量

　　坪林曾獲選為「全球百大綠色旅遊目的地」，可謂茶鄉之光。

　　北台灣坪林位於翡翠水庫上游，作為水源保護區，有著好山、好水、好茶的茶園景觀和自然生態特色。

　　坪林區公所致力推廣低碳旅遊，打造全台最長的觀魚步道，沿途還規劃有自行車步道、適合全家前來踏青的水岸步道、北勢溪步道、茶業博物館等，加上在地藝文活動，像是優人神鼓的「鼓動坪林」和萬人馬拉松大健走等，不只維護自然環保的生態環境，同時鼓勵青年銀髮族攜手共創、強化社區連結，賦予坪林新生的力量。

> 茶鄉之光——坪林，位於翡翠水庫上游，曾獲選「全球百大綠色旅遊目的地」。

「舖」強調飲食和口的重要，傳達健康連結的飲食空間。

良醫藥師本舖從飲食出發，松竹蘭梅寓意健康情境

健康樂活，象徵一種快樂精神；松竹蘭梅，則是健康四君子。良醫藥師本舖以松、竹、蘭、梅寓意健康的情境，賦予每層樓不同的使命。

當旅人到訪，從一進門的「款待」傳遞溫暖人情味，一樓設計的迎賓空間「松」（Matsu，不只是一座咖啡室），期許一進門的日式簡潔，能為旅行者洗塵，送上風塵僕僕後的溫暖；進到二樓空間「竹」（減齡餐盤料理），跨界職人合作辦桌表演，傳承坪林在地文化與延續健康的五感體驗，透過「健康共學」跨年齡一起學習；三樓空間「蘭」（茶禪合一），透過茶禪淨化、音樂、藝文展演講座，啟動自我修復機制，獲得放鬆與療癒，恢復健康的身心靈。

「良醫藥師本舖」之所以採用這個「舖」字，意指「口」和「飲食」的重要性，傳達出這個空間將交流著各種健康活動和展演飲食樂趣。

回憶起小時候的眷村生活，當時物資短缺，每天吃飯都是「飢腸轆轆」，在專心吃飯、細細咀嚼的同時，令人感到食物是如此的美好。

減齡餐盤的食趣體驗，健康就是從心出發！

　　長大以後，類似這樣的體驗越來越少，直到某次回到舅舅家吃「拜拜餐」，一邊用餐，一邊觀看現場演出的「廟會式表演」，體驗到寓教於樂的在地文化，這份十足接地氣的娛樂型態，令我深深著迷，啟發了我對未來的飲食文化注入一種有趣的DNA，傳達生動活潑的食趣體驗。

　　我常說：「健康就是從心出發！」實踐健康是人生中的第一選擇，也是最重要的基礎。身為「減齡餐盤推廣者」，我將於坪林引領大家細細品味減齡料理，透過飲食習慣的改變來活化五感六覺，由醫師、藥師跨界的專業策劃活動，為餐桌增添趣味、展現不同食趣風貌。

　　「良醫藥師本舖」分享飲食的美好趣味，正是來自於對健康源源不絕的熱情。

23

看見坪林小舖子，
茶香風情詮釋在地健康模式。

這間小舖子跨界整合「醫藥合作」的健康架構，在茶鄉融合各界專業再創新價值，傳遞出對健康共學世代鮮明的情感和共好，在策劃每一場食趣表演中，展現松竹蘭梅的健康永續精神，傳承並深耕在地人文風情，串聯出對社區共生共好的情感，良醫藥師本舖記錄著人們美好生活，以及共同嚮往健康的每一場遇見。

「健康，請上座！」當你走進「良醫藥師本舖」大門的同時，將聽到坪林在地熱情的呼喚。

本書謹獻給──所有熱愛生活和健康的人們，我在好山、好水、好愜意的坪林茶鄉，期待與你相見！

> 致敬——三千多個茶鄉日子，期待在好山、好水、好愜意的坪林，與你相見。

醫藥使命 |
坪林半世紀老宅院，與健康共生

很多人看見的，
就是一間半世紀的斑駁老屋，
然而老屋將與健康共生，
傳承許多代人的記憶和生活。

01

重現記憶中的
老屋人情味

打開封存 51 年的老屋歲月，

我們從零開始，

開啟並再現醫藥精神。

　　水柳角 37-1 號的「茶‧西藥老店舖」是「良醫藥師本舖」的前身，也是北宜路上早期傳統的老街屋。這座老屋空間復刻修復，從醫者健康的角度「予防医学を実践する家，100 年住み継ぐ家」（實踐預防醫學，世代傳承的老屋），保留原本老石頭歲月痕跡及經典外牆花磚特色，串聯社區，寫下健康的人文景觀！

良醫藥師本舖，健康的緣起

　　從坪林老街風貌「保坪宮」為中心點，到蜿蜒起伏的金瓜寮生態步道、大街繁華的茶餐廳、坪林 7 個里的零星咖啡館、民宿小木屋和雜貨店等，我們結合在地風土食材，以健康生活為展望，傳遞世界各地健康共好，透過「松竹蘭梅」呈現人生的健康五味。

　　2021 年初，新冠肺炎（COVID-19）改變了大家的生活，許多事情因疫情幾經輾轉，「新冠世代」的停格，體認到時間與生命軌跡的寶貴，在和母親及外子多次討論後，毅然決定「生命不空過」共同計劃貸款，選在茶鄉坪林的老透天傳承世代，延續醫藥健康精神。

　　就是這樣一個健康祈願，刻在心頭深刻的想法，承先而啟後，喚起覺醒的靈性，也喚醒了對父母、對生活、生命、生存的關懷與熱情。

改裝前老屋—舊招牌。

老屋外觀—前面。

老屋外觀—後面。

溫暖的老屋推手，賦予新生命

這是一場人生的馬拉松，我們從零開始，進行老屋裡裡外外的翻修，未知的宿命乘載著許多甘甜、生活淬鍊的人文故事。

很多人看見的，就是一間年久失修的50年老屋，然而老屋承載許多代人的記憶和生活，早在之前已是公車站牌必經的一站，人來人往，熙熙攘攘，那時是一間販售西藥和茶葉的店舖，地下一樓則是結合生活飲食的便餐，提供當地人的食堂……。

平日醫藥工作精細費神，相當緊湊又繁忙，我和先生在夜深人靜時，才抓緊時間在散步中或開車的空檔中，一點一滴地討論。

手機中的照片，不知不覺累積、記錄下了許多討論的珍貴時刻。

老屋在裝修期間需抽空來回坪林，不只與設計師、工班討論，還跟家中大女兒小淇、小女兒小祐、老三小瑜交流討論，這之中感謝支持與關注我們的每位家人和朋友，包括：日本老師小川和久、小川容翠夫婦，到現場指導與勘查地形、風向等細節，妹妹亞蘭和偉平、偉華哥哥，還有老父親、老母親、公婆和鄉親父老等。

從內部地面打底、抓水平，進行老屋基礎整修漏水、防水工程，走動的動線、格局、空間設置、光線、空氣、水都非常重要，賦予醫者的角度、健康實踐、醫藥精神象徵的規劃，外子還畫起了手稿圖……，看得見與看不見的細節，都在汗水與疲憊過程中熬過去。

我和外子每每在深夜食堂享用餐點時，深刻感受到：「疫情期間的忙碌，還真是充實啊！」

外子親手繪製設計稿。

各個階段復刻記憶討論。

吳育謙設計師。

元佑設計總監李志成。

劉乃華設計師。

　　從一磚一瓦，青銀共居模式，透過健康共學、共創、共遊、共食、共好的生活體驗，賦予老屋新生命的規劃，注重情感交流，慢慢串聯社區健康連結。

成就老宅事業，打造健康防疫宅

　　其實不知道該怎麼具體形容這份「事業」，也許是依著記憶中摸索刻劃出「健康防疫宅」，打造符合疫情風暴的「庇難所概念」。

　　自己也希望這個地方的現在和未來，都是老、中、青三代都願意待的處所，因而全心投入其中。於此同時，自己彷彿重回過往那個眷村小女孩，快樂變得很簡單。

　　由於時代的隔閡，深深覺得如今人與人之間的距離是遙遠且模糊的，大多數人的生活和重心都和3C電子產品深深結合，情感的聯繫脆弱而不緊密。所以，這個世代耳熟能詳的文明病，諸如憂鬱症、失眠等亞健康的症狀，都是和生活失序相關。有鑑於此，期許重返初心、從心出發，結合健康和快樂的定位，打造出新型態的生活空間。

> 依著記憶中摸索刻劃出
> 「健康防疫宅」，
> 打造符合疫情風暴的
> 「庇難所概念」。

從一磚一瓦的細節中逐一討論，逐步描繪出良醫藥師本舖的模樣。

一家六口全家福。

父親與母親的合影。

兄弟姊妹的合影。

施工現場往往一片忙碌,我和外子每日實地勘查,外子更親自爬上爬下仔細檢查房屋內外的防水、漏水情況,細節上不遺餘力,對他只有最深的感謝。當我稍微放鬆,神遊片刻的時候,思緒彷彿來到眷村旁的老家,翻開兒時塵封的相本,湧現濃厚的親情記憶。

「來!大家看這邊!3、2、1,笑──」喀嚓!時光寶盒,一張全家福擺在客廳上,「天增歲月人增壽,春滿乾坤福滿門」的大紅門,牆壁掛著「測量學校」畢業證書,記憶中的父親漂泊來台自強不息⋯⋯。

"

「3、2、1──」時代的全家福留影,
父親劉國銀從老家江蘇到台灣,
祖德庇蔭順利成家立業。

"

福爾摩沙,台灣是第二個家

在父親身上看到「不畏苦、不怕難」的老梅精神,展現出刻苦來台,無比堅韌的生命力。

父親劉國銀,出生於江蘇淮安,在家鄉讀了幾個月私塾,一路通過國小、國中同等學歷,祖德庇蔭,15 歲在貴人幫助下填寫報名資格,成功考上警察學校警員總隊的初試和複試。

　　成長歷程深受父母親的影響！父親常提起將江蘇巷弄大江南北的故事，其中特別提到道仁奶奶一生樂善好施，經常助人米糧，遇到貧苦喪家有急難，捐棺下葬更是義不容辭，父親經常隨著奶奶到廟裡燒香祈福。

　　生命中奇蹟的轉折點是一次因緣際會，報考警察學校時的考題（管、教、養、衛），學長無意命中親自指導複習，過目不忘的父親，在考試當日順利發揮幸運考取，他認為這一切都是祖上「有德庇蔭」的奇蹟，人在做天在看，行功立德、福慧雙修、及時行善廣植福田，福報才會來，年幼的我心中深刻地記下。

　　生命中的這一場考試，成了改變父親生命的起點，台灣也成為他的第二個家。

受到父親人生觀的影響，及時行善成為人生的座右銘之一。

劉國銀 我的父親

江蘇省淮安市人
（國字輩分：後面是壽字輩分）

學歷：
—警察學校警員總隊的初
　試和複試
—測量學校地形測量學系
　第 25 期修業工學士學位

經歷：
—豐原國中任教數學
—中洲工專擔任註冊組長
—學校宿舍：大鵬國小旁、
　復華新村旁大德巷

畢業證書：

生命的迴響 1949
上海大遷徙，改變的起點

　　1949 年，最動盪的時代，年紀輕輕就和家人離別了！當時的父親才滿 15 歲，人海漂泊中報考警察學校警員總隊，一路隨著軍團前進，最後在江蘇省崑山市集合，預計從上海外灘集體坐船渡海。

　　父親突然想起家中尚有老父老母，一離開上海不知何時可再重逢，因此轉身回頭便往反方向走去。在千鈞一髮的時刻，人高馬大的隊長現身從船上欄杆一躍而下，一把伸手將父親抱住，等到回過神來，大船已經離岸。

　　當父親再次回頭含著淚水，很多人都來不及上船而掉落海中，唏噓之中，不免發出深深的嘆息！父親回憶說：「當年就是那一抱，改寫了我的人生和命運。」迷迷糊糊中，還聽得見炸彈此起彼落的聲響，記憶中的思鄉情翻湧而上，分不清臉上是汗水，還是淚水，突然摸摸胸膛上的乾糧散落，發現自己還活著，茫茫中哭累了，便沉沉睡去。

這艘大船在海上載浮載沉，淚水濕透了衣衫，不知道過了幾天、幾個禮拜，還是幾個月⋯⋯。

當船在另一頭靠岸後，大夥心裡明白，從此再也沒有回頭路，一群15、16歲的少年一起激動抱頭痛哭，隊長在隊伍前喊道：「現在起，你們都是大人了！」像是下達軍令一般，大夥收起思鄉傷感的情緒，慢慢擦乾淚水。

來到台灣後，所有的顛沛流離重新歸零，來不及和親人告別，只好收起行囊，振作精神，互道安慰：「今後就咱們弟兄大家患難與共。」

父親來台後的照片。

>> 老父親在台灣生活成家立業，
心中留下的是封存許久的思鄉情深。 ""

母親與家中兄弟姊妹照片。

准考證。

父親與自己小時候的照片快樂合影。

父親小時候的照片。

一甲子牽手夫妻相依相伴，
感謝父母親教會我的事

年幼時，聽著父親談起那段遷徙往事、江蘇老家巷弄的故事，一路來到台灣後，曾在八七水災（1959年）英勇救人的事蹟……。

他也藉此勉勵我們，遇到困難要勇敢迎向挑戰，並且學習解決方式，家父教育的方法是注重做人處事的態度和鼓勵找方法，這也是影響我在工作和家庭上學會自主性。

來台後的父親，通過大專聯考，自測量學校地形測量學系畢業，先在武陵中學、省立中壢中學任教，後來在內壢租房，「姻緣天注定」與來自台中母親郭素卿相識結婚，成家立業後轉職在豐原國中任教數學，再到中洲工專擔任註冊組長。父親先是抽到學校宿舍建造分配權利，前後遷移到大鵬國小旁、復華新村旁大德巷。

父母的親情與愛這份寶藏帶領著我，出外遊子，每每父親在豐原火車站不論陰晴雨天等待著我的背影。母親身兼多職，除了洗衣、煮飯、在家做電子代工之外，還到附近電子廠輪值日夜班，以貼補家用。我在這份親情的價值中感悟到生命中——愛的可貴。

　　偉大的親情，父母親從小教導做人處事要懂得感恩！那雙跌倒的時候，扶起你的大手，在外漂泊的時候，盼望兒女歸來的父母，家的溫暖，親情與愛是難能可貴的。這份愛，我學習到付出所有來反哺報恩！時間像沙漏般一刻不停留，多想按下「暫停鍵」……。

　　我們一家熱熱鬧鬧的六口，兩個哥哥、一位妹妹和我，兩位哥哥是職業軍人，一晃眼 75 年過去了，父親在台灣生活的光陰歲月，記錄的是這份深刻人心的愛，跨越海峽兩岸的劉國銀故事。

父親、我及妹妹的合影。

著制服在家門口的回憶。

> 家的溫暖，親情與愛是難能可貴的。
> 這份愛，
> 我學習到付出所有來反哺報恩！

我與老母親合影。

大哥與小時候照片合影。

父親教會我的事：言教、身教，從小做起

「食不言。」每每到了用餐時間，大家在飯桌上端正坐好，等待父親發出一句：「吃飯！」此時，每個人都專心吃飯，吃飯注重禮節，手端碗，筷子手勢要正確，最重要的是不能邊吃飯、邊講話。

父親沒有專門拜師學藝，卻自學一手好家鄉菜，凡是家鄉的獅子頭、水餃、韭黃鱔魚，在在都是拿手好菜。每到暑假，父親也都會手把手教會我們「江蘇菜」，從洗菜、切菜到炒菜，洗碗也絕不馬虎，至少得 3 遍。

父親只讀過幾個月的私塾，所以對待我們的教育特別嚴格，兒時記憶，總是要求我們端坐在飯桌上吃飯，嘴裡還不准發出響聲。

「寢不語。」睡覺也不能多講話，就是這樣一個嚴慈自律的人，在生活細節中以言教、身教，教我們注重禮節、謹守規律的風範。他說：「為人處事的態度，會影響一輩子！」教育要從小扎根。

「老梅越老越精神，不畏苦、不怕難！」這是父親的精神，展現出刻苦來台，冒險不畏艱難的堅毅精神。

" 「為人處事的態度，會影響一輩子！」
教育要從小扎根，
無形中也影響了我的家庭教育方式。 "

大女兒小淇與父親合影。

二女兒小祐與母親合影。

藥師通過國家考試，考試院及格證書。

總統任命令。

念書時的樣子。

學生時代與妹妹的合影。

知命立命，三代邁向幸福的康莊大道

　　對一個離鄉背井、一無所有、一路跟著部隊跨海來到台灣的「老父親」而言，很早就很清楚人生的目標方向。對於台灣早期的外省家庭，生活經濟較為窮困，父親教導並期望我們學以專精、修身立命，那種流離失所、回鄉無望的情懷，寄望孩子能夠讀好書，光耀門楣，翻轉命運。

　　那個年代，讀書通常都是受限於家庭或經濟因素。從小父親要求字如其人，寫字要端正，才能「門耀家風」，小時候的我們照著做，只是怕挨罵，長大以後，才能體會到那份苦口婆心。後來，我非常幸運考上藥師，並且和外子一起在台北榮民總醫院任職。

家中孩子多，所以讀書全靠課後自習，父親並不偏重在學業成績，要求我們注重禮儀、事事心懷感恩，並鼓勵我們多元發展。

樂天知命的父親說道：「我們最大的安慰，便是讓孩子都讀了書，有了自己的前程。」兩位哥哥則跟隨父親的腳步，肩負偉大使命，成了保家衛國的職業軍人……。

當我再次收整老照片，回想起父親來台 75 年，一甲子夫妻牽手情，相依相伴，父母含辛茹苦、省吃儉用把我們 4 個孩子扶養長大並培育成人，如今的我們可以為父母做些什麼？

> 感念父母親的教誨與栽培，如今的我們能為他們做些什麼呢？

02

時間承載生命的紋理，
開啟老宅院健康大門

一帖良藥得以讓傷口癒合，

並長出新的枝芽，

歲月的痕跡成為光榮的印記。

時間承載著生命的紋理，生命之水隨著記憶潺潺而過，就像良藥一般，讓受傷的地方得以癒合，還長出了新的枝芽，一道道歲月的痕跡成為光榮的印記。如果建築物會說話，相信坪林老街屋也有一個感動人心的光陰故事！

生活在這塊土地上的人們，日以繼夜地忙碌著，茶鄉坪林像是一座世外桃源，帶來心靈的呼喚，假日時光，總能聽見伊人的腳步聲，走在登山步道，遊客穿梭於坪林的老街上。

茶鄉世外桃源，為人們帶來心靈的呼喚

這樣一間有溫度、有故事、有茶香的舖子，超越時間、空間，醞釀出歲月風華的魅力，如同好酒沉甕底，越陳越香。跟隨醫藥的健康角度，一起放慢腳步，慢慢找回那份從容與自得。

開啟這道健康的大門，並呼朋引伴，迎接四方英雄好漢，招待千里而來的旅人來到這座健康聖地，感受用生命之歌結合藝術、文化、飲食、茶禪美學的良醫藥師本舖。

> 「萬物靜觀皆自得，
> 四時佳興與人同。」
> 喝茶時靜觀自得，
> 以茶待友，浮生半日閒。

參與茶鄉的生活記錄，與外子一同建立社區居民的情誼。

生命是一場修行的旅程，要有各方面的修練，來圓滿這場旅行。

10 年慢生活，融入 3,000 多個茶日子

人生是一場修行的旅程，我們要有各方面的準備和修練，來圓滿這場旅行。在沿途的風景、必經的過程，將帶來不同的階段和經歷，人們要學習適應各種環境，面對不同機緣遇到的人、事、物，安住於當下，保持正念，不隨外境所轉，並且專注精神，一步一腳印。

日本茶道大師千利休「一期一會」的茶道精神，提醒每分每秒都是獨一無二的存在，珍惜每個時刻、把握當下，領會「一茶一世界」，學習轉識成智，戰勝恐懼、跨越難關，生命不空過，勇敢前進。

修行的過程，總以各種面目鍛鍊我們的心智，在鏡花水月的世界，有繁花似錦，也有人情冷暖，於生命的里程碑一一留下印記。

從感恩的角度，思考工作、生活、生命的價值

生老病死之人生過程，生活環境方面賴以物質供給，生命的本質在此希望透過這本書的內容，以醫者的角度實踐「良醫藥師本舖」呈現健康生活的經驗，提供當對工作或人生感到迷惘時，瞭解到人生延續生命的同時，還可以提升生命的價值。

在日常生活或工作中，我們鼓勵大家一路向前看，慢下生活。喝一杯「有溫度的茶、咖啡，為人生留下一些時間等待」，花朵兒盛開在心靈豐盛的時刻，天地萬物都是恩典，從感恩的角度重新出發。即使是一杯咖啡、一杯茶，活在當下，懂得感恩，就可看到更深層次的價值。

總之，知道感恩是無形的財富，將生生不息。

> 天地萬物都是恩典，從感恩的角度重新出發。即使是一杯茶，活在當下，懂得感恩，就可看到更深層次的價值。

藥品管理、注重日常均衡營養、提倡心靈排毒與壓力管理,三方面著手更能貼近健康生活。

藥師走進茶鄉,傳達健康的根源與精神

對我而言,「藥舖不應該只是發藥的地方吧!」將近 30 年調劑處方與執行衛教藥物的過程中,從人們身上發現太多生活的疏離和寂寞,透過誠懇地關懷和溝通,傳遞溫暖與祝福,可以有效提高藥物的效果!

一般藥師角色有礙於醫療空間的限制,很難有更多的發揮,於是有了更多的想法:「日常生活中不只是用藥這麼簡單,透過健康的生活方式,有機會讓人們可以遠離疾病與藥物!」

大部分的藥師都是在醫院、藥局,或是在診所、藥妝店藥局服務,傳統的框架下,很難在有限的時間上與人們多加互動。

然而,人們實際上想獲得更多健康的訊息和保養方式,而不只局限在藥物上。

關於未來的健康展望,藥師扮演的橋樑可以有更廣泛的延伸,採用生動活潑的教材和現場的說明,進行小組式健康衛教,相信會有趣得多。

> 藥舖不應該只是發藥的地方!
> 日常生活中不只是用藥這麼簡單,
> 透過健康的生活方式,
> 有機會讓人們可以遠離疾病與藥物。

若是能夠多一點時間，來創造連結學校和發揮社區社團互助型態，在學校衛教宣導用藥，多管齊下的多元藥物衛教，相信可協助更多民眾預防醫學改善「生活習慣病」和慢性病的併發症，可漸進減輕全民醫藥的負擔！

時光冉冉的茶鄉生活，上天自有巧妙安排，我的醫藥「春天」在坪林結緣，從日常的品茶中獲得感悟。我將藥師的角色生動、活潑化，實踐健康生活，倡導健康的生活習慣，因為良好的心態可以減低藥物的併發症，過上更優質的生活，同時發揮醫藥良能的精神，《道德經》中「道生一，一生二，二生三，三生萬物」與《易經》的太極思維：「易有太極，始生兩儀。兩儀生四象，四象生八卦。」漸漸幫助到更多的人，萬物的生成法則，這是自然規律。

"
時光冉冉的茶鄉生活，上天自有巧妙安排，我的醫藥「春天」在坪林結緣，於品茶的平凡中獲得感悟。
"

唯有大家一起手牽手、心連心，成為良好的社區型態的健康群體，才能共創樂齡的養生村。

當我投入畢生的願景與理想，並和時間競賽、奔跑的時候，多期望我的孩子和家人能夠瞭解健康的意義，並且這也是加強全家人互動、連結彼此情感的最佳方式。

幸運的是，父母親在第一時間也大力支持，外子大力更是鼓勵我在坪林推動「醫藥平台」，整合推動線上線下的健康知識，結合當地社團學校里民服務處推廣「行動藥師服務時間」，類似「快餐車」定時定點的概念，藉此服務鄉里社區和學校。

我更是在生命的省思中，體悟到大愛和施無畏，鼓勵我把握機緣可以回饋社會、推廣醫藥健康、做好的模範。母親也說：「這樣一個以老人結構為主的社區型態，非常需要活化醫藥的資源。」

從幕前到幕後幾乎是全體動員，這份心念在慢慢陶冶下，終於有了基礎，整個過程有位最佳戰友，正是我的先生張大力醫師，我和外子扎根於醫藥領域，期望這份共善共好的心念，能夠引領家人共同向上。因此，不只做為引航的人，還是呼朋引伴，拋磚引玉的人。

在無數個下班後的深夜，並抓緊天猶未亮的清晨，披星戴月地討論著各項進度和工種內容，一步一腳印，努力實踐「健康」的價值和理念。

在這裡，不只可以看見父母親對我的期望，同時在專業領域上幫助家人、朋友找回健康的生活方式，延伸連結坪林區當地，小至家庭，大到社區、社團學校，共同實踐在地化的健康展望。

母親說：「老人結構為主的坪林，非常需要活化醫藥資源。」

我和外子扎根於醫藥領域，期望這份共善共好的心念，能夠引領家人共同向上。

> 累積健康存摺，可以讓我們擁有一個優雅且無憂的老後生活。

健康，是送給自己與家人最好的禮物

當我還是孩童時，父母親對我總是呵護備至，如今我步入中年，父母親也年紀老邁、齒髮動搖，在他們需要我的時候，此時的我，可以給予什麼樣的陪伴和孝順？如果「健康」是禮物，我又該如何將這份禮物送給父母？如果「健康」是大樹，又該用什麼來「灌溉」與「愛護」這棵大樹？這是身為子女的心念。

從小開始養成健康習慣，好比儲蓄一般慢慢地累積財富，大多人都忽略了積累「健康財富」，才是最穩固的靠山，可以讓我們擁有一個優雅且無憂的老後生活。家人是一切生活的本源，我希望全家人都能夠平安幸福，幸福的首要條件是「健康」的生活，健康同時可帶來平安，這是身為人妻與人母的心念。

傳承家的溫度與情感，
世代傳承健康共學，
藥師健康守護心念！

　　記得新冠防疫時期，限縮了人與人之間的距離，繁華的台北、新北，一下子變成人人「宅」在家，油然而生「世界之大，以宅為家」的感慨。

　　健康新生活如何協助身心受困或生病的人們，重新建立良好的心態和人際關係，走向健康幸福的康莊大道，這也是身為藥師的心念。

　　儘管目前疫情漸緩，前瞻後顧國際局勢，仍應居安思危，加上 10 年坪林生活的在地薰陶與啟發，開始翻轉傳統的框架，萌生「健康避難所」的想法，開始籌建良醫藥師本舖，一如「健康避難所」的廣義──健康是最好的禮物。人生各個階段的健康庇護所，一一承載了我們的生命路徑──少有所學、壯有所為、老有所樂，一路到青年銀髮攜手共創生活，我期許能夠開啟家庭與社區的連結互助，打造出一座健康的養生村！

重新與自己建立良好的心態和人際關係，走向健康幸福的康莊大道，這是身為藥師的心念。

健康願景，一生懸命

「劉藥師，您的藥舖子想傳達些什麼呢？」好多人都會這麼問。

「我想要傳遞出——溫暖的人情味，在品茶靜心中領悟生活的茶禪一味，健康世代青銀攜手傳承，展望健康型態的養生村。」我大笑回答。

曾看過一部電影，記得劇情設定「10分鐘為一年」，主角的個性陰晴不定、喜新厭舊，還容易發脾氣，因此犯了很多悔不當初的錯誤，錯失許多良機。

劇中主角一下子就過完一生，生、老、病、死等人生大事，不過是「彈指之間」的事情。

當他從無邊的噩夢中驚醒，從此改變了想法，不再將時間浪費在無謂的耍脾氣，因為他知道一旦

錯過時光，就永遠不會再回頭，因此開始非常珍惜每一分、每一秒，並且把握和家人的相處時光，每一次談話和陪伴的當下，都顯得如此彌足珍貴。

如果一年只有 10 分鐘的話，就算活了 100 年，頂多才過了 1,000 分鐘，換算下來，等於 16.6 個小時就過完一生了，讓人真實體驗到生命的短暫與無常，唯有把握當下，一如《金剛經》所揭示：「一切有為法，如夢幻泡影，如露亦如電，應作如是觀。」

既然人生如此短促，我們更應當積極地活在當下、正確果敢的行動。這是我給自己的一面明鏡，提醒自己明心見性。

在這樣的省思角度上，我當下做了一個此生不會後悔的決定，於是有了今日的「良醫藥師本舖」，希望在生活和工作上發揮所學，透過實體互動健康講座生動呈現樂趣、社群型態落實良好的社區功能，以及線上、線下整合健康資源。

> 重新喚醒生活中
> 被大家漸漸遺忘的熱情和微笑，
> 同時幫助人們找回健康和快樂 。

如果一年只有十分鐘，不到十七個小時就過完一生，讓人體悟把握當下的重要性。

擅長古典吉他的黃淵泉博士，在坪林透過音樂節療癒身心靈。

播下健康種子，青年銀髮攜手開啟健康之門

「我們要留給下一代什麼樣的東西？」

生命最大的遺憾是到了臨終時刻，人生交一張白卷，沒有值得敘說的事情，除了自己和家人，也沒有和他人結緣，好多的愧疚，無法再回頭。

面對變動的世界，健康樂活可以跨時代、跨年齡（老、壯、中、青），甚至是跨區域傳承與延續這份健康的任務。現代生活因為電子 3C 產品過度氾濫，加上工作無形的壓力、疲於應付的人際關係，使得人與人之間存在著疏離感，也缺乏共同的話題。

內心深深知道，我想在坪林這裡播下健康的種子，把健康一代傳給一代，這也是此行中最大的任務。

在坪林茶鄉生活近 3,000 多個日子，無形中放慢腳步、放下傳統與框架，對於「慢。健康生活」健康空間有了更多的想像。「慢。健康生活」是指一種良好的生活模式，從放慢生活步調、找出平衡，透過休息、減少壓力，調整身心靈三者，並融入正念、安住當下、啟動樂活型態。

「坪林老街屋」作為新型態的健康場所，透過茶、咖啡的健康飲食為身心減齡，並且活化醫藥資源，以「健康飲食活動講座」展演為核心，串聯起老壯中青不同年齡一起共學，攜手開啟健康之門。

當人們來到坪林，走訪這間半世紀老屋子，將會感受到這份上善若水的健康心意。

"

朝向健康的道路，
關鍵在於手腦並用活化身心靈，
才能一起帶動人們身心減齡、找回活力。

"

在坪林不同的建築物中，細細的體會「健康共居生活」的意境與可能性。

安心住、自在居的境界

世界上有很多居住的形式，有人住在豪宅，有人以露營車為家，或是將舊公寓翻新成為理想的住所，當我們進一步討論健康居住的時候，到底需要多大的空間？

在疫情後人生開始探索「健康共居生活」的可能，是否可以在有限卻不擁擠的地方，活出最大健康價值的可能性？就是現階段最為重要的新課題。

我認為，最好的地方是一處能與自然共生之所，除了建築物的耐用性，還有延續房子歷久彌新的精神。相互共生達成循環利用、社會公益，以及與當地創生結合的友善方案，將原本的住房觀念「私有財產」，轉變為貢獻社會的「公共財產」，並可以依照心意，實踐健康永續的傳承生活。

當我們長居此處，透過人、事、物承載不同的生活經驗，交流出更多健康美食、生活美學的創意，交織出多采多姿的生活面貌。

人們對於生活和內心的探索，立基於一個建築物的框架和場所中，隨著時間、空間的展現與創造，慢慢喚醒每個人潛藏的原始本能──一種對健康的嚮往。

我喜歡關注生活中的細節，因時間積累之下，展現出多樣的面貌，當人們可以瞭解生命的無常和消逝，甚至於生老病死的過程，那麼我們就要進一步思考，如何透過身體力行去維持健康的智慧。

佛教曾以「火宅」比喻充滿眾苦的塵世，但我們該如何不受困於火宅？

人生因為諸多事件的發生，展現出起、承、轉、合，每個人的健康狀態也因此不同，唯有放慢腳步，細心探索生命的原貌，練習放下框架，活在當下，才能找出適合自己的步調與節奏，造就心靈的自由與強大。

因此，就算遭逢低潮時刻，也可以安頓其身、安穩其宅，如同小草精神──自信昂首地生活。

> 最好的地方是一處能與自然共生之所，依照心意，實踐健康永續的傳承生活。

> **建築物的前身走過繁華的七〇、八〇年代，接待過熙熙攘攘的來客，見證一整個風華與嬗遞。**

一股老屋新生的力量，串起世代共同記憶

「老屋，代表台灣民初時期的記憶。」屋齡超過 50 年的老屋宅，前身是一家兼營茶葉的藥舖，老鄰居說這家老店舖走過繁華的七〇、八〇年代，接待過熙熙攘攘的來客，見證一整個風華與嬗遞。

如果建築物會說話，走進這間舊世代的老屋，空氣中依稀瀰漫著淡雅茶香，彷彿聽得見歲月的回聲，雜沓的腳步聲、此起彼落的招呼、歡欣熱烈的笑語……，造就一種與茶鄉命脈相連的力量，這份傳承的使命感似乎召喚著我，保留「古早味」的人情和故事。

後來，雪隧通車，坪林老街觀光地開始慢慢地沒落，這些興盛 20、30 年的舊市街也逐漸被遺忘，然而生命總能找到它的出路。

之前以一整體街區為主的聚集性茶葉經濟發展，轉向為單店的發展，繼之從南到北的文青、文創商店、茶餐廳、小木屋民宿等，如雨後春筍般一間一間地開了，像是老屋復活的象徵性指標。

老屋便成了一個意象，一種台灣人心中對於時代的記憶，保留了各時代的文化和歷史氣息，以及各個城鄉聚落的歲月痕跡。

如今，我與外子便開啟了這間「老屋新生」的裝修工程。經過修繕、防水、除壁癌等工事，藉由空間重整、規劃、再利用，不只留下老建築物的時光見證，串起世代間共同的新生活，在新舊共融間，交盪出豐富的情感記憶。

"
不只留下老建築物的時光見證，
更要串起世代間共同的新生活。
"

坪林茶業博物館，推廣在地茶業多元的茶文化與製茶體驗！

天氣好的時候，不妨走訪觀音台步道，環景眺望，可將坪林的美景一覽無遺。

　　這幢已屆「五十而知天命」的老透天，每一層樓留下歲月刻劃的細節，彷彿娓娓道出早期賣西藥和茶葉的故事⋯⋯。

　　當我細細聆聽，慢慢窺看積累其中的每一道刻痕，像是刻在阿嬤臉上的每一道皺紋和斑點。重新修繕後的老屋，每一層樓的細節，在在見證了過往的精彩，以及融合現今的健康與風尚。

　　在好山好水的坪林茶鄉，有故事的人齊聚一堂，共同開展生命的紋理，並且合力將老宅院醞釀出嶄新的契機，等你一起加入我們的行列，串起世代的共同記憶，見證時代的意義。

　　當我再次走上觀音台步道，白雲蒼天，山青水秀，慈眉善目的金色觀音俯瞰芸芸眾生，默默護守這片土地上的所有人。

　　隨著視線遠望，坪林山巒與茶園景觀盡收眼底、雪山隧道、藍色拱橋、茶業博物館、坪石雕公園、老街風華，當然還有北宜路上的良醫藥師本舖，相連成一整片美麗的綠油油畫布。

　　我的雙眼看見綠意盎然的茶山雲霧裊裊而朦朧，因為畫布的那一端，蘊藏著豐富的人情與故事⋯⋯。

> "
> 茶可以用喝的，也可以用看的，
> 爬上茶山、萬般由心，打開新視野。
> "

輯 II

健康風潮 |
一起來老屋品茶、喝咖啡、找健康

匠心獨具的藥舖子，
一路拾級而上，
四個樓層配置，
彷彿跟隨四季的變化，
應運而生松、竹、蘭、梅
四個意象和健康境界——

01

歡迎光臨
良醫藥師本舖，
享受健康慢活時光

這裡是品茗、休閒、聚會的好地方，

也是慢生活、身心減齡，

探索健康的好所在。

「歡迎光臨，請上座！」

立基茶鄉坪林的「良醫藥師本舖」，根植於這片土地，遵循萬物的自然法則，結合醫學、藥學雙背景，推廣醫食同源、健康飲食的理念，期許透過自然規律促進身心靈健康，回歸生活平衡養生之道。

當你到訪坪林，來到這間匠心獨具的藥舖子，一路拾級而上，四個樓層配置，彷彿跟隨四季的變化，應運而生四個意象和健康境界——松、竹、蘭、梅，依序進入了身心靈放鬆情境，互相平衡與加乘的能量，將同時開啟我們的五感六覺，活化健康。

這裡是品茗、休閒、聚會的好地方，也是慢生活、身心減齡、探索健康的好所在。現在，一起走進這座老屋子，感受健康的力量！

歡迎光臨良醫藥師本舖。

,, 歡迎光臨良醫藥師本舖，
享受「慢。健康生活」時光。 ,,

1F / Matsu 松

意象：松

寓意：松柏長青，健康長壽

內涵：用一杯茶或一杯咖啡洗塵，
　　　迎接並關懷到訪的旅人

　　一樓「松境」作為迎賓空間，不只是一座咖啡館，每一個到訪的旅人踏入這座「松」咖啡室，將會有一杯熱茶遞上來，以坪林特有的茶湯接風洗塵，在茶香環繞的瞬間，趕走身上的疲憊，享受放鬆又紓壓的美好時光。

MATSU「松」，不只是一間咖啡館

　　這是一場人生的馬拉松，我們從零開始，打開半世紀老屋，進行各個階段復刻記憶的整理討論。「Matsu 松咖啡」取自「松」的內涵，祝福與期許每一位旅人，都能感受到「松柏常青」的精神和氛圍。

　　「進來喝一杯咖啡，再走吧！」這句話貼切展現坪林在地人情味，以「咖啡館」空間包裝「良醫藥師本舖」精神的外在，作為與在地人相遇的第一個場合，帶來健康、自在、悠閒的感受，同時傳達一種「樂活」理念。

　　喝茶、喝咖啡，也是一種生活品味的養成，美學可以在日常生活中培養，茶鄉的午後時光可以聊聊個人對於咖啡與茶葉等的喜愛。

喝茶、喝咖啡，也是一種生活品味的養成。

以日式不打折的服務精神，款待每位來客。

「世界越快，心則慢。」當我們一邊品嘗著咖啡，一邊細細品味「松境」的內涵氛圍，時光不知不覺就慢了下來，陶醉在深度的放鬆，彷彿融入這場松之境、慢生活。

「一杯咖啡的時間」以日式不打折的服務精神，款待每位來客，在細節上更是流露出對於人的溫暖與關懷。

行動藥師時間，暖心開跑

1993 年自藥學系畢業，在醫療院所擔任藥師，始終在工作崗位兢兢業業，迄今約滿 30 年，深知健康立基於「醫藥安全」的角度，在母親的鼓勵與支持下活化在地醫療資源，以當地社區為服務對象，「行動藥師時間」提供用藥安全宣導與諮詢，解決長者、慢性病處方箋、用藥習慣，分析個案的

狀況需求，瞭解生活飲食問題，進一步給予安全用藥的分析跟建議。

在未來，期待更多醫藥單位人才共同加入，連結社區關懷，提升醫藥整合發揮良能！

我是藥師，教人吃藥是常態，傳統藥師角色是等待病人上門，現在走入在地社區，透過「行動藥師時間」與在地人聊聊生活、聊聊健康，可以近距離觀察到生活環境和飲食習慣，再依個人專屬評估建議非藥物療法的「減糖減鹽飲食」，搭配「走路運動」的健康生活，行動藥師類似快餐車概念可以突破傳統的局限，健康生活成為日後持續推廣的理念。

一進門為旅行者洗塵，送上風塵僕僕後的溫暖。

2F / Take 竹

意象：竹（祝福的吉祥諧音）
寓意：祝福平安，竹報平安
內涵：健康意境醫食同源，從飲食
　　　角度呈現健康

　　二樓「竹境」，「醫食同源」健康的概念，推
廣促進身心靈健康的減齡餐盤，活化味蕾，延續健
康飲食的五感體驗。

竹子象徵正能量的生命力，竹材耐用堅固、竹節正直高尚，竹子四季長青剛好與二樓「健康型態」的空間規劃不謀而合，「竹報平安」更是年節的祝福語，代表著吉祥、平安、長壽。

「竹」，飲食空間，減齡餐盤

飲食的來源很重要，挑選當季的時令食材，食物就是最好的醫藥，從飲食出發結合專業策劃，邀請各行各業的專家學者分享「健康」主題，記錄每一次的「減齡餐盤」菜單主題設計。這裡不僅分享健康觀點，定期舉辦日常養生講座。關於「減齡餐盤」核心概念，取自日本注重長壽健康的養生靈感，吃出飲食健康力，觀察國人生活飲食型態，歸納整理出如何挑選搭配健康食材、結合五感食趣，由均衡營養、適度運動與良好作息，達到對抗自由

分散桌椅的規劃，能夠進行不同年齡的分組活動。

基、活化端粒酶的抗衰老期待。

抗發炎處方箋，有別於傳統診間衛教

減齡餐盤其中的抗發炎飲食，是醫藥合作模式的開端，由醫師從診間的醫藥衛教，化身為主廚的概念教導，透過飲食帶入健康，啟動身體抗發炎模式，引領醫師健康合作，是最初的健康構想。

我與外子（醫師）的醫藥合作將近 30 餘年，就藥師的角色而言，執行第一線說明處方藥物，結合前中後三期的預防與治療三管齊下，完成醫藥照護的「抗發炎處方箋」。

抗發炎就是要對抗血管和身體器官的發炎，整合醫師與藥師各自的專業與責任，推動健康從預防醫學和藥物治療合而為一，不只是單純控制疾病而已，而是走在疾病發生之前，從預防保健提早部

健康是每個人一生最重要的投資，
學習累積健康財富，少一點病痛。

屬，達到提升醫療品質的目標。

　　健康是每個人一生最重要的基礎，健康共學世代，從飲食開始、吃出健康力，就能增進健康，生活多采多姿。

透過醫師與藥師的專業，屬於在地的抗發炎處方箋。

　　「減齡餐盤」跨界職人合作，
　　透過健康共學，
　　橫跨年齡層一起學習。

3F / Ran 蘭

意象：蘭
寓意：象徵春天，美好事物
內涵：品茶儀式，學習靜坐

　　三樓「蘭境」，作為茶禪合一的空間，啟動淨
化人心的藝文心靈講座／茶室，在在都讓人感到心
曠神怡，身心靈獲得放鬆與療癒。

　　茶禪一味的境界，茶可靜心亦可養德，茶與禪為中國文化獨特的藝術，以茶觀心。

　　這樣的情懷與境界，同時蘊含一股禪意，此與三樓的禪空間相當契合。

　　飲茶兩個動作，「拿起」、「放下」，一盞茶的拿起和放下之間，從品茶的滋味，放下生活上的瑣事，從中靜觀自得，從品茶之中可漸入靜的心境，禪茶文化是心與茶的相通，喝茶品茗，保持正念和正知，茶禪一味提高心靈的智慧。

茶禪淨化，新時代健康風潮

　　北宜路上的坪林，地處得天獨厚的交通位置，在坪林在茶鄉中，茶樹品種有翠玉、四季春、金萱、青心大冇、青心烏龍等 5 類品種，坪林茶區有文山包種茶和金萱茶最常見，蜜香紅茶、東方美人

運用塌塌米的空間，呈現茶禪合一的蘭境。

相聚便是有緣，同在三樓「蘭境」一同享受健康盛宴。

茶和白茶也漸為風潮。三樓「蘭境」，茶禪合一的空間，茶道結合正念，淨化人心的藝文心靈講座／茶室，在在都讓人感到心曠神怡，身心靈獲得放鬆與療癒。

坪林包種茶是台灣的特色茶，這是一項傳承百年的技藝，茶師以精湛的製茶技術，讓包種茶帶出清新花香氣息茶，外觀似條索狀自然捲曲，此類茶注重香氣，入口生津，品茶主要是品香和品味，是喝茶迷人之處。品茶滋味百千，茶可以牽動五感，漸而細細培養明心見性。

茶趣生活，茶中自有黃金屋

四季中春天適合喝包種茶、金萱茶，夏天適合喝紅茶、蜜香紅茶，秋冬則適合喝東方美人茶和白茶，喝茶的最好時間是下午 2 至 4 點，剛好也是身

體循行膀胱經（3 至 5 點）的期間。

喝茶就是人間好時節，以茶會友

　　茶中嚐百味，自是人間好時節，茶禪一味品悟人生，喝茶學習「靜心」，沉澱思緒，在茶道生活中，以茶會友，有緣相聚、同桌喝茶、一茶一會，這是緣分啊！

　　三樓空間茶禪合一，茶道人文聚會場所，好友千里來相會，茶席款待。每一場茶席都是相知相遇的起點，開展出豐富的茶鄉文化。

　　一壺茶，每片葉子展開茶的層次與人的溫度。品茶文化是一種生活「美」學，從茶具、書法畫作、藝文展演講座，茶境陶冶性情，茶與萬物的結合是一種生活品味的養成！

> 三樓作為延續緣分的空間，不辜負每一場心靈契合的遇見。

B1 / Plum 梅

意象：梅
寓意：梅開五瓣，象徵五福
內涵：歡聚一堂，串聯人文與情感

老梅愈老愈精神，水店山樓若有人。
清到十分寒滿把，始知明月是前身。
　　　　　　——金農〈動心畫梅題記〉

　　梅花帶有宜人幽香，作為一年之中最後一季綻
開的花，也是一年之春最早盛放的品種，可謂有始
有終。

「梅花是國花，越冷越開花。」梅花的象徵意義是吉祥幸福，梅花五瓣象徵五福，五福是快樂、幸福、長壽、順利、和平，梅開百花之先，獨天下而春，寓意傳春報喜，吉祥平安之意，同時與松、竹並稱「歲寒三友」。

地下室 B1 的「梅」樂齡空間，恰恰呼應了「老梅愈老愈精神」。

老梅精神

老梅閱世經年累月，見證的春花秋月多不勝數，卻依然挺拔昂立，歲歲連連綻放花蕊，彷彿永遠精神抖擻、常保年輕的象徵，似乎提醒著我們，隨著年紀的增長之下，要學習老梅怡然自得的精神，安然享受樂齡人生。

B1 地下一樓，是早期「茶・西藥老店舖」，

設計樂齡中島廚房，延續原有大食堂空間。

中島廚房的設計，透過大家共同參與豐富了「吃飯」這件事。

當時是一個大食堂，每日忙進忙出提供庶民料理，迴廊地板迴響著踏聲，記錄半世紀老屋時期的輝煌。

中島廚房的設計，就是為了要大家共同參與、共同學習，展現眼前的是一目了然的食材，豐富了「飲食吃飯」這件事，從烹飪的角度在一開始的食材到位，一一準備，豐富營養的食材均衡搭配、食材多樣化、共煮的過程，以及細節上分工合作，過程寓教於樂，分享成果時的歡樂。

大家圍在一塊，共聚在一起做一道道健康料理，透過五感的提升，在視覺、嗅覺、味覺、聽覺、觸覺都獲得滿足，無形中拉近情感，也為食物增添好滋味。

樂齡中島廚房，新世代健康共煮

　　寓教於樂的同時，安排「行動藥師」衛教活動，從「食物衛教卡」拉近距離與民眾互動，再到日常飲食均衡，三餐規律的作息，吃出健康和免疫力，減糖減鹽減油，食物的種類圖像化，依比例攝取要有六大類：全穀雜糧類、蛋白質、蔬菜、水果、乳品、油脂堅果類。

,, 修復老屋，並賦予健康精神
　　串聯起世代間共同的生活與記憶。 ,,

共煮與共食的五感體驗，打造健康共學的情境。

02

健康共學世代，
減齡餐盤好「食」光

健康四大基石，乃是：

均衡的營養、適量的運動、

充足的睡眠、樂觀正向的心態，

也是提升身體免疫力的關鍵。

「該如何落實抗發炎生活，展現出驚人的減齡效果？」有些坪林在地居民會這麼問我。

「若是想要達到減齡的期待值，就要從日常生活的抗發炎做起！」我招呼他們坐下來，遞上一杯熱茶，再娓娓道來。

每個人有自己想要的生活方式，也有自己行走的速度、生活的頻率，因此我時常透過一場場健康講座，傳達減齡餐盤的實用概念，如何為大家解決日常生活中的煩惱、降低身體的發炎，也是我一直不斷思考的方向。

推廣「健康餐桌」計劃，老少共享樂活食趣

台灣人口持續老化，2018 年轉為高齡社會，2025 年將進入超高齡社會，老年人口超過了幼年人口，需要照顧的長輩持續增加。因此，照顧健康，是每一個人最重要的責任。

根據研究顯示，透過世代的交流與共融，「健康共學世代」老少一起共學活動，可以提升學習趣味效果，對於跨世代的認知與溝通具有很大的助益。從設計健康趣味活動，提供老少一起參與並樂此不疲，我們來看看幾個鮮活的活動案例。

阿嬤和女兒、孫女一起煮菜，營造共同遊戲的樂趣。

　　其中「古早味」溫馨的呈現，則是將長輩舊時代的故事與現代時事結合，邀請老少共煮共學，「老少共煮同台可以讓大家共同學習，激起不同的火花，彼此互相交流融和跨世代的情感，也間接促進了長輩的身心健康。」除了呈現長者們的生命回顧，實踐健康成為老少共學的最佳見證。

世界健康日，台日名醫的健康養生食堂

　　世界衛生組織（WHO）將每年的 4 月 1 日訂為世界健康日（World Health Day），呼籲全球對於衛生、健康工作的關注，期許提高衛生領域的素質及認識，同時喚醒大眾對健康議題的關注與注視。

　　良醫藥師本舖作為坪林健康新據點，我與外子也積極推動「醫藥共同照護模式」、「醫食同源」，

南雲吉則 ✕ 張大力

藉此強化醫療品質，更引領未來醫藥照護的趨勢，並邀請各領域專家學者蒞臨指導與分享。

食物就是最好的醫藥，健康飲食觀也將對人體產生莫大的助益。

日本名醫南雲吉則院長更多次親臨台灣，特地參訪東京風采診所，與我們共同舉辦健康交流活動，外子與南雲院長更是連袂出席「健康養生食堂」，親自下廚料理，實際演繹「減齡餐盤」的理念，以醫學觀點及健康食療切入抗老與癌症的防治！

「減齡餐盤」便是這個世代最為輕鬆、樂活、易操作的養生新方式，透過推動並建立健康新飲食觀，希望讓大眾都能夠吃出青春與美麗。

日本南雲吉則院長與外子一同示範健康養生料理。

透過「減齡餐盤」學習正確的飲食觀念。

以下分享「減齡餐盤」的健康雙核心：

一、建立正確的飲食觀念

◆ 認識 1：身體細胞所需要的養分。

◆ 認識 2：懂得挑選食物中的營養素。

◆ 認識 3：現代飲食對我們的影響（外食現象、台灣飲食文化）。

二、不只關心吃的營養，吃的過程同樣重要

◆ 正念的飲食方式：細嚼慢嚥、專注當下。

◆ 邊吃、邊玩、邊學習：多樣性攝取食物。

> 「減齡餐盤」不只關心吃的營養，
> 吃的過程同樣重要。

衛福部國健署公告 2021 年十大死因統計，癌症時鐘又比去年快轉了 20 秒，換句話說，每 10 分 10 秒就有 1 人因罹癌死亡。其中，惡性腫瘤、心臟疾病和肺炎分佔前三名，癌症更是 40 年來始終盤據首位，每年奪走約 5 萬條人命，嚴重威脅國人的健康。

然而，就在新聞引爆話題的同時，大眾往往短暫驚恐於死亡人數，卻忽略了癌病與不良飲食、生活習性，可說息息相關。我們應該避免等到生病、罹癌的那一刻，才開始醒悟、進一步尋求醫治，我們可以提早做出行動，中斷疾病的進程。

「減齡餐盤」正是源自日常，傳達挑選健康食材、吃對的食物，結合五感的方式，用以對抗自由基、活化端粒酶等，更從體內營養延續青春與活力的保鮮期，進而達到防病強身的期待。

"

從內營養延續青春活力的保鮮期，進而達到防病強身的期待。

"

維持健康活力的最好方式：吃對食物、
攝取抗氧化物、均衡營養、保持樂活心態。

良醫與藥師の防疫飲食

哈佛公共衛生學院（Harvard T.H.Chan School of Public Health）「2021–2022 最新的飲食指南」由營養專家和《哈佛健康雜誌》（*Harvard Health Publications*）設計出「健康飲食餐盤」，規劃每人每天攝取均衡的食物。

前面也有提到，台灣衛生福利部國民健康署亦有公布「每日飲食指南手冊」，都是提供健康飲食的參考。

儘管食物的選擇、分量、種類，會隨著每個人的年齡、性別、體重、體質、文化背景等有所差異，但基本原則仍是通用。

然而，全球在新冠疫情前後，由於隔離政策、食物取得不易之下，所有的生活型態和飲食習慣都

改變了，加上台灣的烹調習慣和文化，向來喜歡香煎、酥炸、燉滷、燴煨、醃漬等，但過度烹調或加工會產生許多致癌的自由基，反而不利於健康。

「民以食為天，食以安為先。」健康是一種與自然和諧的狀態，也是良醫藥師本舖創建的宗旨，我與外子深耕醫藥專業將近 30 年，希望透過簡單明瞭的方式，幫助民眾找回健康、提升抗病免疫力。

其中，藉由吃對食物，攝取豐富的抗氧化物、補充均衡完整的營養，以及保持樂活心態，正是維持健康活力的最好方式。

根據醫學研究指出，當人們處在正面的情緒下攝取食物，才能讓身體的內分泌達到好的平衡與吸收。因此，「吃出健康力」還要搭配「規律的運動」、「美好的心情」、「充足的睡眠」，才是完整的健康金四角。

料理的烹調方式，建議保留食物的原始風味為佳。

醫師、藥師の營養果汁（共 3 種）

　　早晨來一杯營養果汁，補充多樣化的減齡營養素！

　　蔬果的種類繁多，選擇不同顏色的新鮮蔬果搭配，能夠活化細胞、幫助腸胃道健康、增強免疫力、讓皮膚變好，來一杯屬於你的營養滿分的果汁。若想要瞭解料理步驟，可進一步追蹤 IG 粉絲專頁（參見後折口）。

營養果汁 01

腸道綠汁：小松菜奇異果汁

食材

小松菜⋯⋯1/2 把
（根、葉需分開）
香蕉⋯⋯1 根
奇異果（綠色）⋯⋯2 顆
水⋯⋯50 毫升

步驟

1. 將一顆奇異果切片後擺入玻璃杯中。
2. 將小松菜洗淨處理，分成根、葉兩部分。香蕉去皮後切塊，留幾片好看的薄片裝飾用。另一顆奇異果去皮後，切塊備用。
3. 將小松菜（根）、香蕉、水放入攪拌機中，蓋起蓋子攪拌至泥狀。
4. 將攪好的綠色泥倒入玻璃杯，倒至對齊下層奇異果片。
5. 將奇異果塊、小松菜（葉）依序放入攪拌機中，蓋起蓋子攪拌至泥狀。
6. 將攪好的綠色泥倒入玻璃杯，倒至對齊上層奇異果片。

營養說明

　　因應現在人喜歡拍照好看的食物，特別找出又健康又營養的果汁！

　　奇異果、香蕉、小松菜中含有的鉀，有排出體內多餘的水分和廢物，特別是奇異果富含水溶性和不溶性的膳食纖維，不僅可以解決便秘，還可以消水腫，改善腸內環境，另有美肌效果。

　　食物纖維吸收水分使其體積增加，在胃裡的停留時間會變長，可維持飽足感，也能防止吃得太多（過食）。

大力排毒：高纖綠拿鐵

食材

嫩葉菠菜⋯⋯100 克

羽衣甘藍⋯⋯100 克

小松菜⋯⋯100 克

香蕉、鳳梨、蘋果（3 擇 2）
⋯⋯約 50 ～ 70 克

綜合堅果⋯⋯10 克

水⋯⋯250 毫升

步驟

1. 將嫩葉菠菜、羽衣甘藍、小松菜洗淨處理，切小段並放入果汁機中。

2. 將香蕉、鳳梨、蘋果切塊，一起放入果汁機中攪拌。

3. 在砧板上將堅果敲碎成好入口的大小，備用。

4. 將果汁機中的果汁倒出後，撒上堅果。

營養說明

　　富含豐富的維他命 A、鐵質、葉酸、維他命 B_1、C 等多種微量元素，有助淨化腸道抗癌症，提高身體代謝，幫助提振免疫力、保養肌膚。

黃金聖果：沙棘多莓汁

食材

沙棘汁⋯⋯45 毫升

紅椒（甜椒）⋯⋯1 個

小番茄⋯⋯10 個

冷凍綜合莓果⋯⋯100 克

（也可用新鮮藍莓＋草莓＋
　覆盆莓替代）

步驟

1. 將食材切成塊狀，全部放入果汁機。
2. 加入沙棘汁，按下果汁機開關攪拌。
3. 完成均勻攪拌，分裝到小玻璃杯中。

營養說明

　　沙棘果包含脂溶性維他命 A、E、K、D、植物源稀有的維他命 B_{12}、多種脂肪酸如 Omega-3、Omega-6、Omega-7、Omega-9、葉酸及鋅、鐵、鈣、硒、銅等礦物質，超過 200 種生物活性營養素，具有豐富的營養及醫療價值，雖然被稱神奇果實或超級食物。

但有以下條件／症狀者勿食用：

1. 孕婦、哺乳媽媽、孩童勿食；
2. 肝、腎、腸道功能異常者；
3. 凝血功能異常者；
4. 任何手術前 2 週勿食；
5. 低血壓者、有服用降血壓藥患者。

醫師、藥師の防疫飲食（共 7 道）

醫師、藥師の防疫飲食 01

鮭魚蔬菜味噌湯

食材

鮭魚（一片）⋯⋯切塊
乾香菇⋯⋯一朵
蘿蔔⋯⋯3 公分厚度
牛蒡茶⋯⋯400 毫升
蘿蔔葉⋯⋯適量
酒粕⋯⋯15 毫升
味噌⋯⋯15 毫升

營養說明

　　蘿蔔的葉子也具備營養價值，洗淨切成末後，在食材都滾熟後，與香菜、蔥花一起加入。

　　高溫加熱會破壞味噌的營養素，可以在湯煮滾後關火，再加入味噌攪拌均勻。

醫師、藥師の防疫飲食 02

麻香旗魚

食材
洋蔥‥‥半顆
旗魚‥‥8 ～ 10 片
蔥花‥‥適量
芝麻‥‥適量

營養說明
───────────────

　　採用新鮮的旗魚，富含蛋白質和
Omega-3 不飽和脂肪酸與豐富的維他命 B$_6$。

　　鮮甜的洋蔥除了提味之外，營養價值高，
含有豐富的槲皮素，具抗發炎、抗氧化的功
效，有助消化道健康。

　　槲皮素可輔助 COVID-19 治療，洋蔥是
含槲皮素最多的蔬菜，蘋果則是含槲皮素最
高的水果。

醫師、藥師の防疫飲食 03
綠色的藜麥沙拉

食材

藜麥⋯⋯80 克

蘆筍⋯⋯2 根

白花椰菜⋯⋯50 克

綠花椰菜⋯⋯50 克

毛豆⋯⋯6 個

酪梨⋯⋯1/4 個

葡萄乾⋯⋯10 顆

橄欖油⋯⋯30 毫升

醃洋蔥⋯⋯2 匙

薄荷葉⋯⋯適量

營養說明

　　藜麥的蛋白質含量是米和小麥的 2 倍，富含膳食纖維和鈣、鎂等礦物質。

　　藜麥含糖量低，也助於節食和控制血糖。藜麥吃起來很有嚼勁，適合搭配各種蔬菜，這道料理中還添加了薄荷幫助提神。

醫師、藥師の防疫飲食 04

一日所需健康營養溫沙拉

食材

小番茄⋯⋯5 ～ 8 顆

玉米筍⋯⋯1 盒

地瓜⋯⋯1 條

青花椰⋯⋯半顆

胡蘿蔔⋯⋯半根

彩椒⋯⋯3 ～ 5 個

雞胸肉⋯⋯1 塊

蝦子⋯⋯1 盒

菇類⋯⋯1 包

洋蔥⋯⋯1 顆

香菜、生菜⋯⋯各適量

營養說明

選擇彩色的蔬菜與水果；蛋白質的部分可選擇雞胸、蝦子；多醣體的菇類；堅果類3～5 種（補充好的油脂），蒸煮或川燙後拌在一起。

調味則以簡單保留食材的原味與提味為主。巴薩米克醋經多次發酵，具高度抗氧化力，可適量加入提升味覺的豐富度。

生菜包納豆、雞肉、蔬菜

食材

納豆⋯⋯1 盒

雞絞肉⋯⋯100 克

洋蔥⋯⋯1/2 個

蓮藕⋯⋯50 克

青椒⋯⋯1 個

生薑⋯⋯1 片

生菜⋯⋯適量

白芝麻、鷹爪辣椒⋯⋯少許

芝麻油、味噌 、日本醬油、

味醂、雞湯粉⋯⋯15 毫升

營養說明

納豆是代表性的發酵食品，可以調整腸胃狀況。納豆含有豐富的蛋白質、維他命 B_6、鉀、鎂、鐵等營養成分。這道菜中將雞肉和蔬菜結合在一起，進一步增加了飽足感和營養，可像沙拉或零食一樣食用。

醫師、藥師の防疫飲食 06

自己包！海苔白菜手捲

食材
豆芽‥‥1 包
大白菜葉‥‥2 張
紫蘇葉‥‥4 片（沾醬）
蔥花‥‥適量
手作辣椒醬‥‥45 毫升
紫蘇油‥‥7.5 毫升

營養說明

‥‥‥‥‥‥‥‥‥‥‥‥‥‥‥‥‥‥‥

　　在沾醬中加入富含 Omega-3 不飽和脂肪酸的紫蘇油，如果不加熱直接吃紫蘇油的話，它具有很好的抗氧化能力，可以讓細胞變年輕。

醫師、藥師の防疫飲食 07
地瓜四神湯

食材

地瓜⋯⋯3 ～ 5 條

水⋯⋯300 毫升

四神中藥材料：

蓮子、茯苓、山藥、
芡實或薏仁

營養說明

　　這是一道夏天也能涼爽喝的湯品！

　　以四神湯作為湯的基底，內有蓮子、茯苓、山藥、芡實（或薏仁）等中藥材，具有健脾、利濕、補腎的功效，搭配富含膳食纖維、β-胡蘿蔔素的地瓜，不去皮可保留膳食纖維，與鈣質、花青素等營養價值，可將皮先洗淨一起烹調。

減齡餐盤活動，張院長親自動手做料理。

張院長同步分享日常防疫／防病秘訣，有助提升自體免疫力的食材：

◆ 綠茶：抑制發炎基因，具有抗氧化作用。

◆ 大蒜：天然抗生素，具強烈抗菌及殺菌力。

◆ 紫蘇蘋果：用整片紫蘇葉包裹香甜的切片蘋果，富含槲皮素，可促進抗氧化，增加清除病毒、減少症狀。

◆ 堅果：富含 Omega-3 不飽和脂肪酸，有益心臟健康；抗氧化成分可降低腦內氧化壓力、減少憂鬱症。

◆ 花椰菜：抗癌、解毒、降低血糖、防止心臟病，同時提高免疫力。

◆ 鮭魚：Omega-3 不飽和脂肪酸，減少發炎反應、有益心臟及大腦功能；維他命 B_{12}、B_6

可減少憂鬱。

◆ 櫛瓜：高鉀，幫助消水腫；β-胡蘿蔔素，強化黏膜健康。

◆ 藍莓：護眼明目，有助抗氧化、抗老化。

◆ 海藻茶：防治便秘、排毒、養顏、預防腸癌；降血脂、預防動脈硬化、改善油脂分泌。

◆ 優格：可隨喜好添加堅果、香蕉、蘋果、藍莓、奇異果、葡萄乾等，有助改善腸道菌叢生態、減少發炎，幫助於降低壓力荷爾蒙、幫助睡眠、維持骨骼健康。

這幾年在疫情籠罩之下，如何建立對抗外來病毒、細菌感染的「防護力」，以及啟動身體的「免疫力」，是我將近 30 年的醫藥心路持續探索與彙整的目標。

對於免疫力較差的慢性病族群，基本以日常生活中（食衣住行育樂）找到適合自己的方式，來增強抵抗力，疫情影響之下，許多企業啟動分流上班，實施居家／異地辦公，加上外食人口大大銳減，轉而選擇在家自「煮」用餐，居家料理不只講求方便，更著重在安全與安心，成為防疫期間的新興趨勢。

在家自「煮」，提升自我免疫力，居家料理的挑選重點：均衡營養與飲食多樣化。

"
共煮與共食的五感體驗，
打造健康共學的情境。
"

> 從推展「健康餐桌」開始，讓長者可以動手又動腦，一邊吃、一邊體驗手作的樂趣。

醫食同源，健康餐桌的飲食儀式感

在坪林多年的生活觀察，坪林很明顯地屬於高齡化社會的結構，也就是人口老化。當今我們將醫食同源的理念，與社區友善資源結合，打造一個幼、青壯、銀髮族「健康共學世代」的環境，讓所有人可以在地幸福的老化。醫食同源一詞源於藥食同源，主張運用健康的飲食，將醫學、營養學、烹飪學三者結合。

「健康餐桌」是一種新的飲食儀式，這種儀式有別於傳統，增加了活潑元素，配合著帶動唱，一邊體驗手作的樂趣、一邊品嘗食物的美味。長者分享奉獻所學，與青少年共處共融外，也提升了生活的樂趣。

老齡化社會的來臨，許多國家照顧年長者最新的趨勢，就是透過年輕人與長者的互動交流，促進

長者的生活更加健康與充實,協助人際關係的發展,同時培養年輕的一代學習與長輩相處,透過健康共學的世代,活化老齡的腳步,共創青銀攜手的養生村型態。

整合社區資源,青銀攜手共創樂齡生活

在坪林好山好水,孕育出甘醇可口的好茶,茶湯澄澈,透著一股金黃,入口後喉韻甘潤,不只能生津解渴,還能口齒留香。試想水質(本源)不好,茶葉是否也會失去原有的甘甜可口?答案絕對是肯定的,人類也是如此,當飲食和營養失衡、生活習慣疾病,細胞越容易老化,引起慢性發炎,就越容易生病。我們身處一個與大自然共生的環境,從平常可做的友善環境小動作,攜手實踐環保愛地球的綠色生活!

與長者一同參與社區活動,推廣醫食同源理念。

113

03

快樂醫學，
從微笑開始

與大自然共舞，

從中找回力量，

這就是大自然專屬的快樂醫學。

「為什麼大家要來坪林藥舖子參與健康活動？」常有人這麼問。

因為這裡不只是一個充滿人文氣息的舒適空間，還承載著老屋的歷史、優質的自然生態環境，每一個角度、每一處細節，都有它的底蘊，等待著你去發掘背後動人的故事。

我們就在這樣一棟老建築之下，串聯起青年與銀髮族，結合坪林地景、在地社區關懷，用笑容共感出更好的健康與未來。

自然紓壓，啟動正念思維

快樂是人類與生俱來的特質，然而一個人是否能常保快樂的歡喜心，往往受到許多層面的影響，需要後天的多加練習，而延伸出所謂的快樂醫學。

因此，為了落實「生活化」的快樂醫學，我們嘗試將內涵加入活動，其中包括：戶外敷面膜、手作大力便當、藝術手作心靈發展課程等，讓參與其中的大眾能夠真實感受到快樂的核心價值。特別是藝術手作課程，可從創作的素材和作品展現不一樣的面貌，融合個人的美感、情感和思維，同時強化了正念（Mindfulness）幫助管理情緒、人際溝通與互動。

在大自然的懷抱下，體驗竹炭黑面膜的美容時光。

敷著竹炭黑面膜，享受笑聲、音樂，以及營養、豐富又好看的大力便當。

「笑」正是快樂醫學中最重要的一劑良藥，能夠協助轉換心念，平緩情緒，讓自己恢復到最佳的狀態。許多研究顯示，「笑」對於身體的諸多好處，當我們面對棘手的狀況時，可以笑一笑，除了能夠釋放當下的壓力，減緩緊張的氣氛，還可以從中找到因應的方式，除此之外，笑可以刺激大腦分泌多巴胺，這個被稱為快樂激素的物質，幫助釋放壓力，讓人們的心情感受到愉悅。

坪林山水美景多，最適合外出野餐，我們於是將活動拉到戶外，伴隨大自然的蟲鳴鳥唱之外，涼亭內還準備了色香味俱全的「大力便當」，分享便當菜的原型食物，傳遞不過度烹煮亦能保留食物的味道，也能留住原食材的營養。

同時，在飲用水中放入切片的水果，像是檸

檬、柳橙等，增添不一樣的視覺與味覺。吃飽喝足後的午茶時光，此時用竹炭手工調製的黑面膜，參與的學員、朋友們邊敷邊享受夏日愜意的陽光，嘴角自然散發微笑弧線，正是快樂醫學的真實體現。

根據科學研究實驗發現，當我們抱持感恩、喜悅、歡欣的正面意念時，顯微鏡下的細胞，將會呈現圓潤飽滿的樣子；相反地，若是抱持憤怒、悲傷、恐懼等負面情緒時，顯微鏡下的細胞則是扭曲、變形的狀態，提醒了我們要在日常中好好善待細胞，愛護自己的身體，從維持好心情做起，正是快樂醫學的宗旨。

微笑、運動，也是不可少的一環。

,,
從維持好心情做起，
正是快樂醫學的宗旨。
,,

不論是風景或人，坪林的一切美，都是讓我與外子決定留在這裡奉獻的緣分。

強身健體，日式放鬆伸展與呼吸自癒法

坪林擁有水岸河景，清新的空氣，到處律動著生命活力的泉源。

平坦的北勢溪步道，適合遊客健走，一天中的不同時段，坪林的戶外景觀各具特色，不同季節綻放不同的花朵，展現出大異其趣的美麗，眼前的夢幻景緻無不讓人怦然心動！

我與外子經常會在早晨或傍晚一起到水岸邊走路、散心，呼吸大自然的芬多精，在自然美景的襯托之下，外子還會練習自創的「日式放鬆伸展操」與「呼吸自癒放鬆操」，起到淨化身心、體內排毒的作用，同步與讀者分享。

呼吸與吐氣是一件相當稀鬆平常的事，然而我們都忽略了它的重要性。當我們認真感受的話，可以得到意想不到的平靜與放鬆。

我認為現代人可以透過這樣的方式，學習放下與轉換生活中的疲勞和細胞老化狀態，透過感受自然界的陽光、空氣、水、蟲鳴、流水聲、花香等，重新啟動身體的自癒修復模式。

> 認真感受呼吸與吐氣，這件事
> 可以得到意想不到的平靜與放鬆。

①　②　③

日式放鬆伸展操

◆ 步驟：

1、雙手扣好伸展帶，手舉高時深呼吸（吸氣），兩手緩緩拉開。（圖①）

2、慢慢吐氣，左手慢慢往後側下方，帶動到腰部時，可慢慢地向後旋轉。（圖②）

3、慢慢吸氣，回到中間。（同圖①）

4、慢慢吐氣，右手慢慢往後側下方，帶動到腰部時，可慢慢地向後旋轉。（圖③）

5、慢慢吸氣，回到中間。（同圖①）

6、慢慢吐氣，雙手放下放鬆。

可以嘗試到戶外做，效果會更好哦！

1 2

不妨選一處坪林水岸，帶上伸展帶，一起放鬆身心靈吧！

◆ **小提醒：**

1、開始伸展操前，可進行適度的暖身（5～10分鐘），讓身體熱起來比較不會受傷。

2、進行伸展操時不要憋氣，氣要順暢，每一口氣深吸深吐，依呼吸與伸展的狀況循環，建議一次伸展可進行 5 個循環。

3、依可負荷的強度調整磅數：初階者可使用輕磅數（綠色），力氣較大或進階者可使用重磅數（黑色）。

呼吸自癒放鬆操

◆ 深呼吸：跟著吸氣的方向慢慢伸展，自然而然將手臂慢慢抬起，肩頸跟著慢慢放鬆。（圖①）

◆ 慢慢吐氣：跟著吐氣的方向慢慢收回，感覺到氣體慢慢吐出後，手掌自然而然地向下。（圖②）

藝術與音樂齊鳴，手作療癒的幸福時光

我們除了關注大眾與坪林社區居民的健康，也十分注重員工的身心狀態。

因此，經常性地舉辦健康講座，讓參與其中的同仁共同感受身體的療癒力量，也會透過不定期的員工共餐或旅遊，不只促進彼此關係的提升，也能凝聚團隊的向心力，期許達到真正的幸福企業，讓每一位員工都能感受到內心真實的愉悅。

本次員工旅遊手作課程就特地安排一場創意課程──纏繞畫與鋁線創作，大夥們圍坐一圈，除了逐步共享老師的指令，圓形的座位安排也能看到每一位夥伴的手作過程與創意發揮。

最後，透過個人分享每個人在課堂上學習的過程與感受，這種互動方式，不同於醫療工作時的氣氛，透過遊戲增進彼此的瞭解，感受到彼此交流的溫度，同時激發了大家的潛能，看見更真實的自己，無形中帶來了療癒效果，這種心靈層次的感受，彷彿被愛所環繞，創造了令人難忘的午後時光。

> "
> 激發創意，創造與人的互動，
> 留下難能可貴的回憶。
> "

跟著老師的步驟進行纏繞畫，透過圓桌感受夥伴們各自的創意。

試試眾樂樂吧！

不同於獨自快樂的境界。

每當假日時光，我們總會規劃前往餐廳、大賣場、遊樂場、風景區，有些地方是日常的補給買辦，有些場所是為了味蕾的滿足，有些空間則是為了心靈的充電，那麼會不會有一處剛好兼具以上特點呢？

遠方傳來坪林茶鄉的呼喚，茶園裡閃耀著碧綠光澤的湖水，令人神迷的幽靜氣息，藍天、綠地、日出、雲海、銀河……，盡是私房仙境，群山煙嵐掩映，引領遊人細細探訪，漫步其中，感受自然療癒的力量，每個人的嘴上掛著微笑的弧度，一個微笑就足以讓人消煩、解憂，這就是大自然專屬的快樂醫學。

「獨樂樂，不如眾樂樂。」快樂的最高境界，不是自己快樂就好，而是讓周圍的人，也能感染到這份深沉的喜樂。

我由衷感謝大自然的餽贈，同時以一顆感恩的心，將這份幸福回饋給土地上的每一個人。

良醫藥師本舖坐落於山與水的交錯間，伴隨茶香氤氳繚繞，將是這場人文知性之旅少不了的一站。大樂至簡，直指心田，我們期待與你相約走上健康的起點，做一場浪漫舒心的邂逅！

,,
誠摯地邀請你，
來趟坪林的邂逅。
,,

日本友人小川夫婦，也喜歡我們熱情、親切的氛圍。

輯 III

_____

藥師好厝邊|
健康不打烊，用愛串起街頭巷尾

以茶鄉為家，
用愛與熱忱澆灌，
結合自身藥師與
醫師專業背景，
坪林老宅變身人情舖子，
成為在地居民的好厝邊，
守護健康。

01

良醫藥師齊入茶鄉，
傳遞健康精神

在坪林，
用愛與熱忱澆灌，
延續源源不絕的快樂。

所謂人生，就是一場花時間愛自己的旅行。

——比留間榮子《時間是良藥》

日本 97 歲的比留間榮子老奶奶，是世界記錄官方認定「世界最高齡的在職藥劑師」，從事醫療工作將近 30 年。作為藥師的我，在榮總看到很多病人的疾病，各種各樣的患者都要定期拿藥，後來轉職在先生的診所，觀察到比藥物更重要的是——好好關注自己內心的情緒和心態。

生病是身體發出的求救信號，很多人會不滿過去和現在，因此充滿很多負面情緒，或者生活壓力大，思慮過多，不知如何放鬆、排解，這樣就會導致失眠，或是腸胃功能變差，有時還會引發慢性疾病。

榮子奶奶說：「人生從什麼時候開始都不晚。」走入坪林在地生活，每一段相遇相知、各種生活歷練，都在拓展人生的視野、累積生命的厚度。

人生，就是一場花時間愛自己的旅行。

> **觀察到比藥物更重要的是——
> 好好關注自己內心的情緒和心態。**

中西醫合力推廣健康，
帶動坪林茶鄉健康風潮

與玖德中醫郭明仁院長和夫人許淑娟，合力推廣健康。

　　我與外子在坪林持續結合社區與醫療資源，發揮「健康守護」的力量。

　　一場保坪宮前幸福廣場的「中西醫健康促進活動」，正是由外子（醫師）與我（藥師）的身分聯合玖德中醫診所的郭明仁院長和夫人許淑娟，共同舉辦，期許發揮醫藥良能。

　　講師許淑娟示範動作與搭配個別指導，鄉親父老們個個比手畫腳，我在現場與長輩跟隨台上的郭醫師、張醫師一起練習養生操，伸展筋骨，不方便站立的民眾也坐著比畫，動感十足。

　　現場還提供在地好茶與咖啡，氤氳飄香，以饗遊客，民眾對於健康活動反應熱烈，透過幽默的談

笑和互動，兩位醫師也樂於回饋更詳盡的衛教知識。

　　這次活動深入社區，傳遞新飲食運動，從「醫食同源」的角度出發，一一介紹食物六大類、每日飲食均衡所需、如何健康飲食、吃出免疫力。

　　郭院長也帶來四君子湯，運用中醫治本培元的食療教育，分享保健養身之道。

　　此外，響應農委會推廣每月 15 日（音同食物）為「食物日」，落實全民食農教育，並導入預防醫學等觀念。

　　中西醫健康活動深入社區，
　　傳遞新飲食運動，
　　結合預防醫學觀念。

張醫師與現場的居民互動，推廣醫食同源理念。

現場匯集許多在地居民。

互動式場地布置。

　　陣陣茶香瀰漫的午後,伴隨輕鬆優美的旋律、醫師與民眾的笑語,不只再次凝聚了在地人的感情,也讓過路的遊客停下腳步,親炙坪林的美好,一同為百年茶鄉增添更多的回憶與亮點。

　　這場以「身心靈樂活」為核心理念的活動,讓當地居民與觀光客都駐足在幸福廣場前,感受不一樣的坪林人文茶鄉風情,當我們走一趟百年茶街,就能體驗好山、好水,還能領受滿滿的健康和濃濃的人情味。

> 在坪林實踐身心靈樂活,
> 感受不一樣的人文茶鄉風情。

醫者仁心，良醫們成為坪林的健康守護

天剛亮，早早起床，就會聽到廟裡傳來的鐘聲，感受到茶鄉接地氣的生活。

常聽外子分享「快樂來自幫助別人」，回想這幾年的因緣巧合，外子因手臂拉傷，耳聞坪林老街有位口耳相傳的「郭神醫」，因而前往拜訪，在郭明仁院長的耐心針灸下，彼此漸漸熟識並建立深厚情誼。

外子服務於台北榮民總醫院美容醫學中心，身為特約醫師，放假喜歡造訪戶外大自然生態，後來在坪林定居，開啟了與郭院長一家人的良善緣分。

疫情期間，郭院長開展中醫巡迴醫療服務，每每攜家帶眷同共響應，熱心為里民服務，此番行醫精神亦傳承給大兒子郭力誠（中國醫大中醫系）和

外子（張醫師）與郭院長，中西醫合力推廣健康。

玖德中醫診所

玖德中醫診所

新北市景安路80號 健保特約中醫診所

郭明仁 院長

郭明仁 院長
新北市‧玖德中醫診所
中國醫藥學系‧中醫系

節氣飲食，吃當季的食物獲得營養
品味人生，活在當下保持快樂的心

醫者仁心 保持初心

玖德中醫巡迴醫療以實際行動關懷弱勢長者。

女兒郭力熒（中國醫大營養系），可謂醫者仁心的好模範。

中醫巡迴醫療透過實地的接觸，推廣中醫醫療，近距離照顧在地老人和慢性疾病的民眾，以實際行動關懷弱勢長者，我與外子當然樂見其成，更感謝他們夫婦的善心良德，發揮醫藥專業精神，這份白袍下的慈心，著實令人感動。

「醫術是一回事，做一位好醫師的必備條件，則是擁有一顆慈悲善良的心。」郭院長一家人走入坪林巡迴醫療服務，化小善為大愛，成就不凡的人生。

坪林中醫巡迴醫療服務，至今已經堂堂邁入了第八年，郭明仁院長和夫人許淑娟（筱觀）希望能將中醫良能推廣到社區醫療。

玖德中醫診所設立巡迴醫療服務站，始終保持「視病如親」的精神，在中醫的領域以「固本培元」來調補元氣，處方用藥依「君臣佐使」原則，給予個別的調理。郭院長擁有雙學士背景，是中醫醫學士結合藥學士的完善基礎，在臨床經驗提供中醫處方及針灸傷科服務，每週定期提供中醫內科的診療，服務坪林鄉親父老、長者和山上行動不便的弱勢族群等。

郭院長一家人和藹可親，每次看診時笑容滿面且幽默風趣，現場每每反應熱絡，良醫們陸續進駐坪林，成為在地人的健康守護。

郭明仁院長一家人。

保坪宮是坪林在地人的民間信仰。

見證坪林的歷史發展，保坪宮與老街區

坪林老街早期以幸福廣場上的保坪宮為中心，逐漸凝聚而成，見證了坪林整體的發展過程，興建於清同治元年（1862 年）的保坪宮也是當地居民的信仰中心。

保坪宮舊名為北極殿，主祀北極玄天上帝，大多稱「上帝公」，玄天上帝是鎮守北天之神，廟史相傳為閩南移民從原鄉奉海神，作為船隻的守護神，如同北極星一般能指引海上船隻航行方向。信徒深信玄天上帝是值得信賴的海神之外，還具有治病的神力，並且能永遠保佑坪林這塊地方。宮內還配祀法主真君、王母娘娘、觀音菩薩、天上聖母、中壇元帥等神佛。

位於保坪宮廟前的坪林老街，曾是坪林最繁榮

的商業街，如今的老房子多已改建或翻修，僅剩入
口處有 2、3 棟閩南式的石頭瓦厝，仍然保存著古
貌，作為老街主要的特色建築。

　　當遊客第一次造訪老街的時候，都會感受到
「麻雀雖小，五臟俱全」，巷弄內有許多值得一看
的古建築，除了有特色小吃、茶農特產販賣，還保
留傳統的廟街文化，非常值得深入探訪。

"　幸福廣場前的「保坪宮」，
　　見證了坪林整體的發展過程。　"

在坪林老街幸福廣場前，參與活動的居民與外子。

圖書館二樓有一面落地窗，可以一覽北勢溪的美景。

坪林圖書館依山傍水，
開展夏季健康美容博覽會

　　每個季節都適合造訪坪林圖書館，擁有茶山獨特視野，在三樓的空間裡與健康美容來一場盛會，感受美好氛圍。

　　別於以往，從醫師、藥師袍換上健康氣息的便服，我們共同出席主辦這場「女性健康美容博覽會」。

　　醫師開場的分享：「從不為減肥漏掉任何一餐，正確瘦身，更要三餐均衡飲食，健康飲食需要『挑對食物』。」贏來滿堂采。

　　「那麼，該如何挑對食物呢？」一位輕熟女率先提問。

　　簡單來說，就是選擇對身體有益的食物，例如

午餐時，「穀類」選擇糙米或多穀米，「動物蛋白質」就選擇鮪魚、沙丁魚等富含豐富 Omega-3 不飽和脂肪酸，能幫助腦部集中注意力，促進思考，多攝取深綠色蔬菜，像是水煮花椰菜就內含維他命 K，可降低認知退化風險，想要喝飲料，植物性蛋白含量高的豆漿，是優先推薦的選擇。

「不用節食，還能享用美味的餐點，就能輕鬆讓自己美得健康、有活力，真是太棒了！」另一位身材略顯消瘦的女生，驚喜地喊出聲來，全場女性嘉賓跟著一陣歡欣。

一縷微風透過窗戶的縫隙吹進來，大家都感受到心情愉悅的舒暢，我們長期關注女性朋友的美容與健康問題，透過特定的情境設計流程內容，本次活動具備多方面的正面效益，讓美容健康增添趣味表現。

每位參與者的交流，都能獲得立即性的互動與回饋。

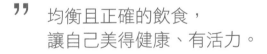

> 均衡且正確的飲食，
> 讓自己美得健康、有活力。

午茶時光的健康講座，許下美麗之約

　　除此之外，青春美麗更是「健康護照」的通行證，萬物都會隨著時間的流逝逐漸衰老，從古至今，維持青春美麗的第一點就是多喝水，讓自己的身體及皮膚保持充足水分，除了有益身體健康，還能幫助身體新陳代謝、排出毒素，臉部自然呈現好氣色及光澤感。

　　「水喝不足，人就老得快！」但市售飲料通常一杯含糖量就超標，反而有害身體。

　　根據《黃帝內經》十二時辰養生法，下午3至5點走「膀胱經」，可以喝杯茶或咖啡，有助於利尿，平日亦可多拍打臀部和大腿後側，幫助疏通膀胱經；下午5至7點則走「腎經」，適合走路、運動，有助於腎臟排泄毒物。

坪林圖書館的特色之一「行動圖書館」，以行動車的形式推廣閱讀。

我們在悠閒的午後時光，像是好朋友一樣共聚一堂，談談日常健康的維繫、生活美容的保養。熱絡交流的同時，也分享飲食與運動的習慣，為這場美麗之約畫下完美的句點。

" 那一年午後，在坪林書圖館
　舉辦這樣一場健康美容的盛宴。 "

漫遊書堆，在街上遇到行動圖書館可以把握時間借閱。

02

跑動坪林！
與在地共舞，
茶山慢活新視野

坪林的健康風潮
是在茶山生活中的「新世代體驗」。

我們沿著金瓜寮山谷步道騎著自行車，一路走入魚蕨步道，青山綠水深境中成了自然景觀的絕佳視野。「我們再往前走一段路，過了野溪秘境，就可以看到蕨類、猴橋和斷層瀑布！」

長住坪林，讓我的身體變得比以前更好了，我們時常散步在各個景點，北勢溪親水公園探索 SUP，沿著山壁可看到兩岸漂亮的風景，從清水吊橋走進開闊的溪河畔，然後找一處幽靜的地方坐下喝杯茶，休息片刻。

周邊圍繞的茶山樹木，讓人轉換心境、放慢忙碌的節奏，平日醫療事務精細繁忙，我們十分享受著這份寧靜與美好。

新世代體驗，坪林健康風潮

慢活坪林，感受大自然的力量，身在茶山風情中就可以讓身體放鬆，茶餐的各種營養更是可以滋養身體！我與外子樂在坪林舉辦健康活動，與里民們交流互動，關注參與地方茶節活動，圖書館、漂書、花籃隊節目、藝文慶典等，在地生活用實際的雙腳「跑動」整個坪林，大大小小的青銀攜手，讓我們留下了許多美好的回憶與足跡。

生命之河川流不息，每個人在充滿人生的賽道上奔跑，我在坪林樂活實踐這一場健康行旅。

繁忙的工作，我們走入大自然，坪林正是一個適合「慢。健康生活」的地方，紓壓轉換能量，歡

坪林水岸，草皮茶席伴著音樂聲，立漿 SUP 兩岸山水茶山風景。

坪林茶山雲霧繚繞，好山配上美景是天然的紓壓劑。

迎跟著我們一起放慢步調，感受草木芬芳、投入茶鄉的懷抱⋯⋯。

坪林曾獲選為「全球百大綠色旅遊目的地」，坪林區公所更致力推廣低碳旅遊、打造出全台最長的觀魚步道，響應並落實這份低碳環保的理想。

好山好水正是最天然的紓壓劑，透過親近大自然，騎著自行車，乘著微風在碧綠的森林中穿行，沐浴在芬多精之中，感受到無比的輕鬆愜意，潺潺的流水聲也釋放出許多有益身心的負離子，讓我們迅速恢復了滿滿的元氣。

根據研究，芬多精能夠改善緊繃的情緒、釋放壓力、調節自律神經，也有助激活人體自然殺手細胞（Natural Killer Cell）的活性，增強我們的免疫力，這也是慢活坪林附帶而來的好處。

品茶如生活，品出人生真味

「循著茶香，一起來趟回甘之旅吧！」在坪林的茶鄉生活，我們常參加茶業博物館定期展覽系列活動，透過半日的走讀時光，復刻出早期老街的歷史文物。新北市坪林茶業博物館隱身於坪林山城，博物館以「茶」為主題，陸續規劃「茶山學」、「2021紅點設計」、「茶特產」、「津甘溫韞──水結晶特展」、「台茶歲月」等特展主題，透過生動活潑的內容，引領民眾完整認識茶文化，親炙茶的美好，保留並傳承珍貴的文化資產。

江南庭園的設計，展現出古典婉約之美，採用長廊、仿古圓門營造出古色古香的氛圍，閩南四合院更結合了台灣本土的特色，不只是茶香繾綣，縈懷的人文情懷，更是讓人流連忘返。

博物館內含展示館、體驗館、茶藝教室等空間，可認識台灣茶產業與中外茶文化。

生活就像是品茗一般，品當下，看似平湖秋月不起一絲波瀾，卻在茶香繚繞的氤氳過程中，品出自己，品見他人，洞悉了人我關係，也懂得了人生真味。

坪林作為翡翠水庫的水源保護區，保留了最純淨無汙染的好水源，加上得天獨厚的原始山林景觀，孕育出飄香好茶的人文歷史，當地更有高達八成的居民都是茶農，因此農產品成了主要生計命脈。

時代流轉之下，保留了將近七、八成傳統樣貌的老街屋，也漸漸注入了新的活水，青春還鄉開啟「新茶世代」，新的青年生力軍的加入，茶農也轉型為在地茶產業，透過地方創生、社區營造來推動在地發展，青銀攜手、世代融合，擴大連結周邊的資源，期許打造出文化共榮生活圈。

參觀茶博館的新文創展示，是我與外子將藥舖子舊翻新的念頭之一。

新北市坪林茶業博物館是全國唯一以「茶」融入主題的公立博物館。

茶山繚療

這幾年深刻體會到，坪林茶鄉文化，增添許多人情溫度。

茶業博物館，
重新演繹當代「茶」的無限可能

　　新北市政府推動每年兩次的茶葉比賽節慶、茶文化展覽與茶鄉旅遊等，都期許遊客能夠來到茶鄉，進行一場深度人文的小旅行，透過一系列茶葉講座與分享體驗，從製茶、泡茶，到品一杯台灣獨特風味的茶，不只增添生活的情趣，也感受到文化的意義與內涵。

　　坪林包種茶，為半發酵的清茶，外觀揉成長條索狀，茶色碧綠中透著蜜麗艷澤，觀看已是佳品，加上香氣馥郁，品茗入喉更是餘韻回甘不絕，大大展現出包種茶的五大特色──香、濃、醇、韻、美，因此屢屢榮獲肯定，更在每年度百萬冠軍茶節、國際茗品、茶食文化展等，大受好評。

台灣茶文化增添人情溫度，接軌國際時尚品味，新舊共融，期許持續於國際舞台上發光發熱。

日出，湧動著變化萬千的雲海，月落，展現出姿態萬千的銀河，虛實掩映，如夢似幻……，這是坪林獨有的茶鄉仙境，漫步其中，身心靈也被洗滌了。坪林的美，無法用三言兩語道盡，需要自己走上一遭，才能深刻體會得到。

> 坪林包種茶，
> 在每年度百萬冠軍茶節、
> 國際茗品、茶食文化展中大受好評。

風景的美，是要自己親眼所見才能體會的。

時常與各職業匠人，在坪林一起品味茶香。

坪林茶鄉仙境，持續傳遞醫藥健康精神

身居坪林近 10 年，我也慢慢深入瞭解坪林大小事。

茶鄉坪林共有 7 個里，交通位處南北聯絡上，每到假日必有塞車之苦，然而醫療資源卻相當受限，整個大坪林竟然只有一間衛生所，深深感受到在地居民對於醫療需求的急迫性，尚待政府機關和民間團體共同付出與活化。

疫情期間，記得老街轉角的市場內有一間專賣止痛藥的藥局，卻在疫情後歇業了。雖然這只是一間販賣止痛藥的藥局，但在資源有限的地方，還是為里民提供部分資源。

有幸身處其中的良醫藥師本舖，也秉持了這份茶鄉理想，塑造出坪林茶鄉的健康饗宴特色，為「慢。健康生活」注入健康的新力量！不只在好山好水好茶的坪林深根落戶，持續傳遞健康觀念，展望前路，也願意協助推廣茶文化作為未來的願景。

> 良醫藥師本舖，秉持茶鄉理想，
> 為「慢。健康生活」
> 注入健康的新力量！

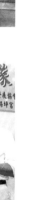

與長青互動跳花籃舞，活動中分享水的好處及堅果的營養價值。

走訪坪林花籃隊，樂活態度生生不息

　　移居坪林數十年，在防疫期間持續分享居家用藥安全、飲食與營養的衛教，疫後的母親節參與並舉辦在地互動節目，探訪老人長青組成的花籃隊，並親身體驗跳花籃舞。

　　在我與長者一同參與花籃表演的練習時，感到既新鮮又有趣，同時感受到這群長者樂活的生命態度，展現滿滿的青春熱力，值得我們學習與效法。

　　我在會後的活動上，以藥師的專業傳達健康生活理念，包括多喝水的好處、食用堅果的營養價值、推廣喝好水與攝取油脂的重要，以及平日健康飲食的秘訣，期許在地居民與健康密切連結，維持身心靈的安適與健康。

每年農曆新年、過節時，台灣有許多傳統遊行與表演，在坪林也不例外。

坪林燒獅鬧元宵，攜手迎接美好新年

關於坪林在地文化特色實在相當豐富且多元，我們還可以從每年燒獅（炸獅）鬧元宵的慶典活動，開啟美好的一年。

慶祝年節的到來，從除夕圍爐、初一、初二，一路到元宵，各個地方都有專屬的特別活動，可說熱鬧紛呈，同時增添了過年的歡樂氣氛。

元宵節是春節的尾聲，又有小過年之稱，傳統習俗會有吃湯圓、鬧花燈、猜燈謎等，在茶鄉坪林則有燒獅（炸獅）的慶典，當天早晨會由中小學生組成舞龍舞獅隊，地方長輩和媽媽們則粉墨登場，以名俗陣頭、花籃舞迎接。我與外子也在隊伍之中穿行，與現場民眾共同感受這份喜悅。

晚間就是活動的重頭戲，相傳為了驅趕作惡的年獸，家家戶戶都會燃放鞭放來嚇跑年獸，一路演變至今，就成了燒獅習俗，賦予了這層神話色彩，最後在辦桌宴席上，共享美味。透過地方特色活動，街坊鄰居們互道恭喜，一起送走舊的一年，以歡喜心迎接嶄新美好的一年。

> 坪林茶鄉生活，
> 是決定我們留在這裡奉獻的緣分！

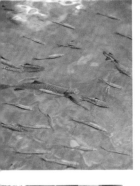

坪林的觀魚步道，有著豐富的生態美景。

戀戀茶香，親子水岸歡樂

許多遊客造訪坪林，當車子開下交流道，一片水岸美景隨即映入眼簾，沿著北勢溪可以走上怡人的觀魚步道，可以觀賞魚群自在地嬉遊、彩蝶漫天紛飛，不只是白鷺鷥，許多珍奇的鳥種還會從眼前飛掠而過，豐富的生態美景，總能帶來一陣陣驚喜，保證讓人不虛此行。

天然水岸廣場不時舉辦在地節目，與民眾連結互動，2022 年 10 月有幸參與由新北市坪林區商圈發展協會與社區發展協會主辦「戀戀茶香——親子水岸歡樂 Party」戶外活動，在山色美景的搭襯下，由專業茶席老師帶著遊客品茶、認識茶文化。

畫面一轉，水岸邊歡聲笑語不斷，結合坪林在地特色與水上運動風潮的親子立槳（SUP），讓民眾體驗北勢溪的遊河樂趣。

同時，耳畔傳來陣陣悠揚的笛簫聲，原來是國樂演奏家徐曼妮的彈奏，展現出深刻動人的畫面，空中飄散著陣陣茶香，開啟五感的饗宴，交融出一個悠閒美好的午後時光。

> 北勢溪天然水岸廣場「戀戀茶香」，
> 專業茶席老師帶著遊客品茶、
> 認識茶文化。

坪林水岸優人神鼓藝術演出，現場震撼人心。

鼓動坪林，
優人神鼓與自然地景的完美結合

坪林具有獨特的水岸與茶園美景，在各界藝文人士的贊助與邀請下，促成了優人神鼓在 2022 年「鼓動坪林」為期 3 天的藝術演出，將大神鼓、大銅鑼、大抄鑼架於北勢溪上的水上舞台，帶來經典劇碼《聽海之心》，以水為主軸貫穿其中，奔騰曲目，瞬間震撼全場。

鼓聲鑼音震盪著坪林的山河，隨著優人神鼓鋪陳出 5 個段落——「崩」、「流水」「聽海之心」、「沖岩」、「海潮音」，我們也跟著一路在磅礴的山勢、壯闊的河道間遊走，共享起承轉合。

台上舞者的每一個鼓音、每一個舞姿、每一個動作都深深直擊入心，彷彿天人合一的樂聲共振，在場的觀眾無不屏神聆賞，這場自然與藝術的完美結合，可說具現一齣劃時代的傑作。優人神鼓更帶領全場一起祈福，我們懷抱感恩與謙卑的心，祈求疫情盡早遠離，帶來平安與力量。

這場水上舞台的音樂饗宴，同步規劃親水步道和生態旅遊的健走活動，令我們徜徉於青山碧水之中，感受一場藝術人文的洗滌，帶來靈魂深層的健康療癒，也期許這份由眾人發心凝聚的力量，從坪林出發，擴散至整個台灣、整個世界。

「鼓動坪林」優人神鼓經典劇目《聽海之心》每一個鼓音、每一個舞姿、每一個動作深深撼動人心，天人合一的樂聲共振水案。

03

小鎮多故事，
藥舖子好朋友的
「坪」水相逢

這裡頭住著充滿溫情的一群人，

都是我所熟知的坪林好夥伴。

「坪林茶鄉的好朋友們，我們來了！」

坪林之上有山巒，山巒之下有碧海，碧海映照著朗朗青天，跟著視野所及，我看見那座橫跨北勢溪上的藍色拱橋，藍橋的對面有一座親水公園。

小鎮多故事，那群我熟知的坪林好夥伴

腦海彷彿響起了鄧麗君的一首歌：「小城故事多，充滿喜和樂，若是你到小城來，收穫特別多，看似一幅畫，聽像一首歌，人生境界真善美，這裡已包括……。」沒想到歌詞內容也非常適合坪林這個小鎮。落腳於這個處處是秘境的茶鄉小鎮，每個轉彎處都可以看見驚喜，我認得石雕公園、認得老街，對於老街上的各個店家如數家珍，更認得這裡頭住著充滿溫情的一群人，那群我所熟知的坪林好夥伴們。

在坪林，可以接觸非常多感動人心的人情故事。

工作即修行，
職人成功精神
陳登均夫婦

　　一場喜慶機緣認識「聯力」董事，品茗泡茶結
合書法修行的處世生活，登均夫婦堅強如金的毅
力，刻苦耐勞、盡分隨緣，一脈傳承新生代子女，
太極強身健體及和順生福的成功精神，是我們夫妻
的導師！

2022 年，我與外子在一場喜酒宴會上，因緣結識了聯力董事長陳登均先生，雙方對於台灣的關懷、深耕在地發展有著相同的願景，在坪林這場「健康行願」中，再度深入拜訪陳董事長。

從開始泡茶，看出陳董事長太極養生多年的功夫，言談幽默談起多年深耕台灣的韌性與努力，聯力工業股份有限公司創立於 1983 年，始終以品質為核心價值，堅持台灣設計製造，傳承並延續 30 餘載的工作經驗，搭配新生代的子女，磨合出了新的品牌與價值，圓滿的工作結合生活禪，這是一個現代工藝思潮與百年藝術的結合。

品茗，娓娓道來母親鼓勵收藏原木的故事，表達出品牌理念與價值的表現。與登均夫婦相處，感受到長年不遺餘力地投入工作、經營企業與管理層面的努力。

陳董與夫人待人親切，相處過程讓人感受到工作即修行的職人精神，體現出品質與價值，才是一個人之所以成功的道理。

我、外子與登均伉儷相處，感受到職人成功的精神。

我、外子與陳登均董事長伉儷，交流分享籌辦良醫藥師本舖的理念。

「山菴雨茶疏院」
隱士茶主人
謝仁昌老師

　　對於仁昌老師，是從坪林「山菴雨茶疏院」遇見的緣分，目前現址的營運屬於暫時性的，將來將遷往坪林柑腳坑的山居，真正落實「茶歸山野，人返自然」的禪茶日常。

山菴雨茶疏院的名字很美，旨在以茶結緣，以茶修心。

據說，茶會與禪茶的分別在於茶師的素養，茶空間更是一種境界的展現，茶是主體，但人是其中的靈魂。

感恩一茶一會的品茶饗宴，更加體會謝老師的茶禪人生，透過「身心覺茶」為生命帶來沉澱，為人生帶來鼓舞的力量，由外而內慢慢走向寧靜的內在旅程。

然而，因為疫情之故，再加上謝老師忙於山居的修整，「山菴雨茶疏院」不再對外開放，直到遷移至山居後，才會重新營運，未來活動的形式和內容，也會有很大的調整，相信絕對值得深深期待。

現址的「山菴雨」在本書出現，是斟酌後的決定，想保留「茶歸山野，人返自然」最初的茶禪與初心，以本來面貌記錄下對茶道、禪道、自然之道的清淨追求，以及這份源遠流長的智者修心養性的本質。

老師說：「人世蒼茫，偶遇便是親，花開花落一如往常。」我也發現，原來唯有放下茶杯之後的這一味，才是一切生命的實相。

由衷感謝老師分享茶思、禪思、人生之思，予後學「良醫藥師」的指導：「恭喜妳的《良醫藥師本舖》即將展現其愛的力量，為本地風光再增添人

在山菴雨茶疏院品茶，好像走入隱士的境界中品茶。

文關懷以及相互支持的共好精神。很開心看到善的種子發芽茁壯,天生我材必有用,茶如是,人亦如是,器器如金⋯⋯。」

「謝謝惠蘭書中的規劃,立意甚好。」因為出書在即,懇切拜讀,老師說了這樣一段話,令我感激在心,還能與老師在當下共飲一壺茶,就是此刻人生的至樂了。

> 透過「身心覺茶」為生命帶來沉澱,
> 為人生帶來鼓舞的力量。

隱藏坪林老街巷弄，
傳統技藝達人
郭棗阿嬤

　　2013 年坪林半日遊，巧遇郭棗阿嬤指路，結下左鄰右舍的「好厝邊」緣分。

　　郭棗阿嬤家保留早期閩南時期石柱，虔誠信仰保坪宮玄天上帝，在地茶鄉生活、採茶經驗將近50 年，依舊寶刀未老、丹田有力，會唱自編曲的採茶歌、相褒歌，補冬的油飯和茶粿都是津津樂道的好手藝！

173

不管唱相褒歌或編織，郭棗阿嬤展現滿滿的文化底蘊。

相褒歌是坪林珍貴的文化資產，這種源自種茶世代，採茶男女的即興山歌對唱，所發展出河佬的採茶山歌，就是俗稱的「相褒歌」，作為繁忙茶務工作中的休閒與寄情，傳遞出純樸含蓄的民情，特別的是產茶的坪林茶鄉，成為了歷史文化的見證。

相褒歌不需要任何樂器伴奏，人聲就是最好的樂器了，在茶園山坡上透過在地方言的開嗓清唱，隨著清新茶葉的香氣，一起飄盪在整個山谷之中，讓人不知不覺醉了心魂。

相褒歌不只用於男女的傳情達意，也通用於舊時代的婚喪喜慶，處處都少不了它，然而目前只剩下老一輩還會哼唱，而且正在逐漸凋零中。其中，郭棗阿嬤就是熟悉相褒歌的重要耆老之一，目前也從事傳承與教唱的使命。

郭棗阿嬤不只傳承相褒歌，還能夠自編自創，特別是為坪林師生編寫的歌曲，都是由她自己填詞，俗稱四句聯的句句押韻，有點像是歌仔調，既通俗生動，又耐人尋味，特別之處在於句逗分別的唸歌，深具功力的流暢轉韻，透過郭棗阿嬤的口中唱出來，顯得駕輕就熟且毫不費力，無怪乎是相褒歌比賽的常勝軍。

「我很榮幸會唱相褒歌，也願意與更多朋友分享相褒歌的美！」郭棗阿嬤微笑地說，也親自到學校與同學「原汁原味」互動、教學，重現採茶風情，就是希望透過記錄和保留台灣原生音樂種類，把這份特有的文化保存下來。

而且她不只有著動人悅耳的歌聲，更有雙擅長編織的巧手，傳統竹編技藝在她手下，也是文化薪火的一部分，令人大為感佩。

期許良醫藥師本舖的透過文字與出版保留下這段記憶軌跡，也能盡到一份歷史保存的責任，一起共同搶救日漸被淡忘的相褒歌文化。

郭棗阿嬤與朋友們的合影，總是可以看到她親切與溫暖的笑容。

> 「我很榮幸會唱相褒歌，
> 也願意與更多朋友分享
> 相褒歌的美！」——郭棗阿嬤

「百味人生」坪林的女兒
玉環

「惠蘭妳來了，趕快進來吃飯！」

　　流連在玉環的大食堂，有獨特風格的開放式明亮中島餐桌，鍋碗瓢盆井然有序，抽屜的每一層擺設都是出自於玉環的巧思，源於早期家中開五金行的薰陶，衣櫃中的衣服更是嘖嘖稱奇，衣服、洋裝、牛仔褲、皮飾配件……，見證一場花樣年華的青春行！

透過各種傳統的美食，總是可以在鍋碗瓢盆忙碌中變出最甜美的滋味，在家園深處，種著各式各樣的花果菜葉，還有一大個魚池，魚池上面還有長滿絲瓜的瓜藤。

從年輕開始出外奮鬥時，母親就是她最溫暖的依靠，當我踏入玉環的廚房，不論是黃金菜餚、浪漫古典的擺盤、懷舊的古早味料理，或是澎湃食物的創意，都是玉環她喜悅的寄託。

特別是廚房開放式的設計，走進廚房的那一刻起，看出玉環外柔內剛的工作能力拚出了這番局面。玉環從外地回來照顧母親，苦盡甘來的欣慰，是一連串的艱辛挑戰。

「坪林的女兒」是玉環生活的主要旋律，就像盤碟上點綴的花草般，總是隨著春夏秋冬變出一道道美味營養的菜餚。她可以統包內外的大小事宜，小至菜單設計，大至人事糾葛。在經歷生命動盪的考驗中，見證到她與母親之間親情的可貴，她與大家的相知相惜，以及屬於女人特有的韌性與能量。

做菜的樂趣與溫暖的特質，從玉環的廚房與廚具中就可以體會。

〞 在經歷生命動盪的考驗中，
見證到她與母親之間親情的可貴。 〞

坪林五代在地人，
書法飄茶鄉
楊超銘老師

「來來來，喝杯茶再走！」

　　五代傳承茶葉世家「坪林茶莊」，莊主楊超銘老師，習得一手文雅的書法，平日忙碌於採茶烘焙和副食品研發，也是當地專業的導覽義工，在當地生活已到第八代，意義深遠，創造出獨特的坪林印記，增添溫馨！

坪林茶莊，五代都是茶葉世家，茶莊店主楊超銘更是坪林茶鄉的導覽義工，博學多聞、飽覽群茶，深入瞭解坪林茶鄉的特色，由他擔任本職是再適合不過的了。

我們共同期待著，坪林可以吸引更多的遊客來這個地方。楊超銘老師致力於茶葉烘焙和茶葉副產品的創新，對於坪林包種茶發展頗有研究，可以講授有關茶歷史的知識，並分享在地自然生態步道，相當引人入勝。

楊老師首先提到茶業博物館，從小生長在茶鄉，在地人自小就接觸茶葉，可說大家都喝茶也懂茶，因此茶業博物館就是一處讓大眾深入淺出地瞭解茶文化的地方。

台灣的茶只佔全世界的百分之一而已，因此博物館所展示出來的茶，不僅僅以台灣為主要觀點，而是包括全世界產茶的地方和文化。所以從坪林茶鄉，可以看到整個的茶藝、茶文化等，未來坪林茶鄉的包種茶，也將結合多元面貌的新世代力量。

聽著楊老師的導覽分享，讓人對於在地坪林充滿了無限期待，立基於此的坪林茶莊，店家收藏著許多楊老師親筆寫的書法作品，顯見人文底蘊，在茶香與墨香共同激盪下，目前茶莊已經來到了第五代，相信也將持續地傳承與飄香。

楊老師一談起茶葉或坪林的自然生態，都能感受到一股熱忱。

新北茶山人文景觀，
「圖書館」最美的身影
秀玲

　　「這本書把人文風景寫得很美，借回去看看吧！」生活在坪林，有一位家喻戶曉的「風雲人物」，大街小巷、保坪宮、茶郊媽祖、福德正神、中醫巡迴醫療服務站等，都有她的身影穿梭在人群和步道中，騎自行車的秀玲，面帶微笑，是坪林溫暖人物的代表！

坪林圖書館與其他館別不同之處，在於擁有全台「圖書館」的最佳視野，館內共分為 3 區，結合一樓親子圖書館和二、三樓享有茶山絕美視野和清新空氣，放眼望去，美麗景觀一覽無遺，瞬間讓人心曠神怡！

館內還會舉辦定期茶席、藝術人文的陶冶課程，圖書館的行動車活動更為當地注入文青氣息。一台發財車裡面有許多排列整齊的藏書，在坪林常常可以看到行動車的身影，也是難得一見的風景。

坪林圖書館內，有位始終帶著「抗跌」特質的人物，她就是何秀玲。身為宜蘭人的她，對於任何事情無不充滿熱忱與懷抱良善，像是一把「超級雨傘」，處處可見她熱心服務的身影和騎自行車健身迷人的背影，從不吝嗇地隨時給予他人幫助與遮蔭。

秀玲以宜蘭姑娘的甘醇為底蘊，因緣嫁作「坪林媳婦」，化為坪林的良善大使，不只定期在圖書館內服務，更是延伸走出館外連結「借書宣導」和「漂書節」活動，還包括參與圖書館定期的講座活動，協助週三玖德中醫診所健保巡迴醫療服務，果然是茶山人文景觀下，圖書館中的最美身影，茶鄉人生相得益彰的最佳代表。

圖書館舉辦大大小小的活動，隨時可見秀玲活力滿滿、樂此不疲的身影。

「宗慶屋」鐵壺達人，
開啟坪林的春天
蕭銘煌

「感謝大力和惠蘭介紹坪林給我！」位在坪林的日本古美術宗慶屋——主人蕭銘煌，75 歲的他有諸多愛好收藏，包括來自日本的銀壺、鐵壺、自在鉤、火缽、茶道器具與美術品等！《台灣喫茶》一書，有宗慶屋一壺茶香的系列報導。蕭大哥是一位哈日族，這幾年開始坪林新生活，不一樣的生活、視野、體驗，恬然自得！

一次品茶過程中，和蕭大哥聊起坪林茶趣，閒居小鎮樂事多，我向他推薦好山好水的坪林茶鄉，種種因緣之下，促成這樁美事。沒想到蕭大哥聽後，便認真收拾行囊，舉家遷移坪林，身為宜蘭人的他，目前坪林成了他的第二故鄉。

往返宜蘭與坪林之間，偶爾就在礁溪泡個溫泉，回到坪林就泡泡茶，生活過得十分愜意自得，再等著有緣人上門。

「這裡有點像日本的鄉下，因為是水源保護區，所以水質很乾淨、空間又很寧靜，在這邊生活，心態都變得不一樣了，整個人感覺相當舒服，也不會心浮氣躁！」蕭大哥不斷誇讚坪林的好。

蕭銘煌喜好日本古文物，自 1983 年開始遊遍日本京都、東京、大阪等地的古物店，高價蒐羅了許多鐵壺、銀壺、自在鉤、浮世繪、火鉢、蒔繪漆器等，後來成立了自己的日本古美術社──「宗慶屋」，正式開啟了人生的春天。

「現階段沒有什麼所求，生活很規律，心裡很自在。」他提到，移居坪林 2 年多的生活，重新開啟不一樣的人生，也融入當地的茶文化、鐵壺達人在此度過 1,000 多個茶日子，也慢慢地回甘了。

陳列在牆面上的古美術藝術品，作為聚會時烹飪的用具。

坪林世代傳承的
百年老店
滴滴香茶行、幸福小廚

　　坪林老街的優質老店「滴滴香 DI DI SHIANG」，二代店主陳耀璋，嚴謹自律、積極開發各項商品經營，接棒給第三代接班人陳偉毅，將產品包裝升級，結合年輕人的口味創新品項，不只有包種茶油麵線、茶油、茶葉冰淇淋等，還有新生代主廚陳偉菱旗下經營的「幸福小廚」特色餐廳，研發各式台灣古早味美食料理！

坪林擁有青山綠水的風光，為包種茶的故鄉，更是台灣北部最大茶葉產區，

漫步在坪林老街，空氣中飄散著清新茶香，身處茶鄉處處茶香，可謂名不虛傳，當我們漫步到保坪宮，身旁矗立著一間世代傳承的百年老店「滴滴香 DI DI SHIANG」，已經在台灣走過一甲子歲月，是一家專賣茶的店舖，更有隱藏版美食伴手禮，等待遊客親自前來發掘、體驗。

特別的是，由第二代老闆陳耀璋研發多樣茶點副食品，並傳承給第三代青商會社員陳偉毅，父子倆攜手共創青銀合作亮點，值得將這份傳承延續與推廣，也為坪林在地商家做了良好的示範。

另外，隱身坪林百年老宅的「幸福小廚」，正是一間帶人感受幸福滋味的餐廳，這裡不只保留百年完好的石頭牆，主廚陳偉菱研發古早味美食特色、各式手路菜，更將「茶」融入菜色裡，只有這裡才品嘗得到的在地美味，光是聞見撲鼻而來的茶香、飯香、菜香，就不禁讓人食指大動。

但我想，濃濃的人情味才是這些坪林老街商家們，最引人入勝的地方。

進到百年老店中，尚未開口，就會先遞上一杯溫暖的茶。

” 世代傳承的百年老店「滴滴香」
攜手共創青銀合作亮點，
展現傳承精神。 **”**

SUP & PIZZA
坪林 31 號種紹

「尋茶山綠水旅人甜點」漫遊坪林大自然中，坪林水岸藍色大橋，北勢溪立槳 SUP 體驗，現烤手作披薩和甜點。

搖曳中的立槳風姿，搭配旅人甜點

種紹是在坪林深度漫遊的代表人物，愛好攝影，對坪林花草風景有深刻的學習與經驗，更是北勢溪立槳 SUP 的箇中好手，常常可以看到他激起水花的各式表演！立槳的好處和最特別的地方，是在進行這樣的體育訓練時，即使以緩慢的速度站在板子上划槳，也能訓練心血管系統和許多肌肉群，學習立槳時，同時享受戶外與大自然風光。

享用「31 號手作甜點」

現場窯烤 PIZZA 帶來滿滿的「幸福飽足感」，在漫遊坪林的同時，來份甜點或現烤 PIZZA，為這場坪林之行留下味蕾的記憶。亦或在北勢溪上進行 SUP 立槳體驗，搭配醉人的手作料理，記錄一場茶鄉旅人的足跡！

在北勢溪上進行 SUP 立槳體驗，搭配醉人的手作料理，是一大樂趣。

原來是遊客的我，如今也與當地居民左右為鄰。

小鎮故事多，請你和朋友一起來坪林做客

「我曾經以一名遊客的身分來到這裡，現在，我以家人之名，回到這裡。」

坪林 31 號「玄子居」紅茶之家是坪林老街紅茶店。老闆熟練順流而下的壺水，品茶過程中，聞香是最怡人的，選一個舒適的姿勢，品香的杯子倒入喝茶的杯，品香杯可以提神醒腦，有助於思緒恢復清明，讓心情平靜下來，一盞茶，跟隨內在韻律，喝茶片刻，促進健康的防疫處方箋。

祥茂食品，阿樂師茶糖系列，40 多年來深耕於茶鄉坪林，以茶葉為基礎研發茶食品，四代團結和睦、家運興旺綿長，全家人齊心協力，用心經營，才能互補加乘，和和氣氣，兩家人都是世代坪林在地人，至交好友共組家庭，天賜良緣，坪林一大美事！

坪林老街「良心饅頭」茶葉包子、鐘媽媽小吃店（無味精自種野菜）、廟口酸辣湯陽春麵、坪林豆腐本店、坪林小吃、坪感覺、心茶合一，感謝這些店家在 3,000 多個日子以遊子的心共同陪伴，豐富了我茶鄉的生活，家家戶戶吃拜拜、串門子，歡迎大家來坪林作客，感受一下慢健康茶日子。

一片土地長養千萬人，乘載了億萬年的歷史軌跡，歡迎你一起加入坪林。

時光飛逝，此時坪林觀音台上拈花微笑的觀音，俯瞰芸芸眾生，以慈悲信仰力量庇護著這塊土地上的子民……。

這些貴人豐富了我在茶鄉的日子，不勝感激。

輯 IV
————————

醫藥起家 |
共好時代，打造社區健康願景

歲月有痕，一生懸命，
這份行願如同大智菩薩，
在坪林留下醫藥精神的足跡。

01

「37-1 號」，
坪林在地健康守望

藥師走進茶鄉風情，

融入在地生活，

成為坪林社區健康的好厝邊。

「歡迎來到坪林 37-1，喝咖啡、聊健康！」

生活在坪林，真的是一件相當慢活的事情！

每天清晨，凝結於樹葉上的晶瑩露水，一閃一閃地滾落到地上，日光緩緩地從雲霧中探出頭來，冉冉升起的煙嵐漸漸飄散而去，掀開了茶鄉一日的序幕，母親大人說走路都可以聞到青草香，非常療癒。

耳邊聽得見樹林中的陣陣低語、蟲鳴鳥唱，空氣中飄盪著清新淡雅的茶葉香氣，極目遠望，盡是滿山青翠，十分暢快，潺潺溪水流過心田，人人感到無比舒暢，第一眼的山水茶鄉就讓人充滿活力。

農忙的人開始一日的工作，老街商家們著手備餐，一些銀髮族們也樂在其中，交織出一幅與世無爭的茶鄉風情畫。

在坪林走路都可以聞到青草香，是個療癒的體驗。

融入在地人的生活，選購新鮮的當令食材。

走讀坪林，領受在地茶鄉滿滿人情味

深受上天眷顧的坪林，迎來青山碧水的環抱，彷彿置身人間仙境，深入探索在地「豹子廚」有原始的古道，走進這個如詩如畫的風景中，往往流連在轉角的風景處，坪林在地人友善熱情，體驗茶餐更感受到茶鄉裡滿滿的茶香味。

當天色漸暗，暮色漸漸，一早就邁出家門農忙的在地採茶人，從山的那一頭走了回來，頂著滿滿一籮筐的收穫，在地平面上映出採茶的倒影，臉上露出微笑，坪林老街的長輩常倚坐保坪宮廟口，閒話家常，悠閒自得，構成廟街文化的街景。

我和外子十分享受坪林的慢生活，同時記錄這塊土地與居民的日常軌跡，在醫藥的背景下，投入廟街文化寓教於樂的健康活動。

疝情期間前後，看見玖德中醫診所開辦健保服務的中醫內科、針灸科，深感在地社區醫療的資源有限，期盼未來的健康展望，可從鄰里社區舉辦健康講座、學校社團衛教分享，推廣健康餐盤飲食運動，以及正確處方籤觀念等。

這一份以健康的角度連結鄉里的初心，希望透過醫師、藥師的身分跨界合作更多的專業人士，提供更多健康上的延續，逐漸描繪出「良醫藥師本舖」的樣貌，在疫情期間建立與規劃，其中包含「行動藥師」衛教時間，將這份健康的理念與意義，落實於在地生活。

位於水柳腳「37-1」的那間健康小舖子，是在地人的好朋友，將成為北宜路上的一處健康新據點。幸福坪林，俯拾即是，關於這裡的美麗故事，一一展開……。

外子與農忙的人交流，拔蘿蔔體驗令人收穫滿滿。

在坪林行醫藥使命之時，不禁想起助人為樂的母親。

行動藥師，坪林在地的好鄰居

母親對於我在坪林的醫藥使命，有著深切的期待，總是耳提面命地說：「要能幫助在地的環境、活化醫藥資源。」

「身為藥師，平日工作熟練準備處方箋的藥品，領藥時，藥品要仔細說明服用方法和提醒注意事項，要是有用藥上的問題，一般門診服務量大，有些藥師可能都沒時間解釋，媽媽希望妳以後要多為老人和地方多做服務！」母親帶著盼望說著。

「用藥問藥師，藥師是你的好鄰居、好朋友！」教導民眾正確用藥、吃得健康，是身為藥師的我，最重要的事。

坪林區是水源保護區，加上外移人口嚴重、老齡人口日益增多，在地老街只有一間衛生所和復健

的場所，加上城鄉差距，缺少完善的醫藥資源。

玖德中醫診所的一場義診活動，深深印烙在我的心中，每週三健保巡迴醫療門診，協助一些弱勢與行動不便的老人家，進行針灸和中藥調理的服務。

「我一直認為，建立健康生活比藥物更有效！」一般民眾普遍缺乏正確用藥的觀念，藥師的工作其實不只在說明吃藥，生活上與藥物的涵蓋範圍相當廣泛，我也經常提醒民眾出國旅遊買回來的保健食品，需要留意是否適合自己，以免吃了以後增加身體負擔。

多數人的觀念，可能都還存有「吃藥＝吃補」的錯誤觀念，因此要特別提醒「不聽信」有神奇療效的藥、「不亂買」地攤、夜市、網路的成藥、「不吃」剩下的餘藥和贈送的藥物、「不拿」藥品給其

時常透過關懷交流，大家都能與藥師成為好朋友。

實踐行動藥師衛教時間，持續宣導用藥安全和吃得健康。

他人，才是用藥安全、保護健康的方式。

其中，包括親戚朋友推薦的藥品，加上醫院診所拿的慢性病藥物，記得要檢查全部用藥的種類和劑量，減少誤食或過量的問題。

對於坪林長者的用藥訪視上，深刻發現老齡化的問題，特別是弱勢獨居老人，身為在地坪林人的好鄰居、好朋友，在未來健康的展望，力行實踐「行動藥師」衛教時間，廣邀好友和在校的藥學系學生固定駐點在坪林服務里民，持續宣導用藥安全和吃得健康，期盼大家都能共生、共好、共善、共同健康。

在行動藥師的規劃上，除了定點服務，同時可走出戶外與街坊鄰居健康對話，藉由藥師的角色，透過生動的解說告知長者如何正確用藥，重點在於

宣導民眾培養健康生活型態，包括：均衡營養、多吃青菜、喝足夠的潔淨水等，從小小的飲食習慣做起，就可以帶來令人意想不到的效果，這也是日本推行長壽村會做到的推展健康習慣，從日常就建立好的生活型態，才能提高生活品質和壽命。

此外，在專業領域可看到：從一般藥局、醫院、診所、實驗室、行銷業務、公關監製，到學術研究等，結合藥師、醫師專業背景，打造出社區健康互聯與互助系統。

其中包括醫藥服務和健康推展，像是結合社區社團、老人長青會、國中小學等宣導藥物的正確用法和反毒衛教，推廣健康「減齡餐盤」，落實健康、樂齡的幸福好「食」光。

"

推廣健康減齡餐盤，落實
健康、樂齡的幸福好「食」光。

"

玖德中醫義診服務總是人潮滿滿，很受在地歡迎。

深耕在地文化，創造醫藥新價值

「在坪林有玖德中醫診所巡迴醫療服務，郭明仁院長一家人奉獻服務鄉里，讓我們瞭解各項中西藥物的相互作用，同時也提醒平時保養該注意的事情，真的很不錯呢！」平時重視養生的公公婆婆，這麼說著。

「如今，那間健康小舖子打開封存 51 年的老屋歲月，開啟醫藥精神，復刻在地文化，結合所學專長，青銀攜手共同延續健康的意義與價值。三代人接力傳承健康，成就你們所要造的健康福田！」母親笑臉盈盈地補充說道。

守護社區健康的開端，我與外子期許透過醫藥合作，邀請大家一同參與，真正做到走入社區，進行面對面的健康教育，定期舉辦健康講座，讓老齡

人口知道如何做自己身體的主人，學習清楚表達自己身體的狀況、看清楚藥物說明和標示、瞭解正確用藥方法與時間，以及明白保健食品、中藥跟西藥之間的交互作用等。

在坪林在地人口稀少，才 6,000 ～ 7,000 人，透過真正落實生活保健，以藥師的角色呼朋引伴，共同加入健康的行列，幫助更多人，是我樂見的事。

「人生是在有峰有谷的道路上旅行，上坡時稍作休息，下坡時喝一杯清茶。」日本 97 歲最高齡在職藥劑師比留間榮子，曾這麼說：「所以人生就是一場花時間愛自己的旅行。」我非常喜歡她的理念，正因和我的想法不謀而合，努力工作、奮力生活，並且持續為前來諮詢的人，提供「心藥方」，帶來健康，也帶來身心靈的溫暖力量。

" 以藥師的角色幫助更多人，是我樂見的事。"

203

踏出戶外，從坪林中的茶鄉景色，感受大自然的能量。

行動藥師在社區，串連醫藥合作

在坪林，人口大量外移與老化的住民型態，加速少子化時代的劇變，不免令我深感憂心。

這一間健康世代的小舖子，對於未來社區的健康展望，將提供民眾用藥安全的知識，以及生活銀髮族藥物需求，透過藥師的角色發揮，從傳統定位在服務藥物產品，轉變成共同學習健康，從日常的衛教、餐桌上的對話，讓民眾能夠輕鬆瞭解健康的內涵。

許多地方雖有藥師服務的蹤跡，分布在醫院、診所、藥廠、研究機構和政府機關服務單位，各司其職。但是如何在即時提供安全、有效又方便的便民服務，建立令人信賴的醫療專業知識單位，正是社區藥師的任務。

坪林的城鄉問題，醫療資源有限，較無法提供即時、有效的醫療服務，這也是「良醫藥師本舖」推廣健康共學世代，一路匍匐成立的重要原因。

從藥學常識到成為藥師後，數10年的診間日常，我一直認為：「教人吃藥是常態，但我們可以從健康安全的角度進一步思考！」醫藥合作的努力之下，對藥物及保健品的健康管理，注重日常飲食中攝取足夠的均衡營養，以及提倡心靈排毒與壓力管理的運動生活，從這三方面著手更能貼近健康生活。

藝遊坪林在地人文景觀，在此「坪」水相逢，感受小鎮多故事，為忙碌的現代人開展茶鄉生活空間，提升身心靈的排毒與自癒，在慢生活當中，一點一滴調伏自己的情性、心性，恢復自在與舒心。

" 健康共學世代，提供即時、有效的醫療服務，是「藥舖子」成立的重要原因。 "

日本友人來台參訪，帶領一同瀏覽茶鄉坪林。

結合「長壽養生村」觀點，發展社區良能

在這樣一個好山、好水、好愜意的坪林環境中，身邊的高齡化族群與老人的比例，卻讓我想起日本人長壽的秘訣……。

根據《東洋經濟新報社》的報導，沖繩人活過百歲的概率遠比美國人多過 3 倍，心臟病的病發率僅有美國人的五分之一，整體健康壽命約比美國多出 7 年。這樣的長壽健康秘訣，到底是什麼？

在沖繩的老年人中有三分之二直到 97 歲都能夠獨立生活，很少有典型的老年心血管疾病的症狀。與日本其他地區的老人相比，患有癌症、糖尿病、癡呆等概率也較低。

從日本醫師的觀點得知，由於當地採地中海飲食方式（碳水化合物與蛋白質的比例約 10 比 1），攝取相對多的植物類食物，加上當地產業以農漁業為主，從事體力勞動的工作時，身體因此得到鍛鍊，這點亦能幫助運動量的提升。

健康的生活方式是沖繩人長壽的重要關鍵，尤其是當地的老人對於社區活動相當活躍，擁有豐富的社交生活，證明老齡社區互相交流的重要性。

我們可以設立幾個健康目標：

──選擇對自己身體有益、更健康的食物。

──踏出戶外與大自然接觸、活動筋骨。

──「活到老、學到老」參與地方性活動，
　　與人交流。

「結合「長壽養生村」的觀點，
帶領青銀三代一起邁向健康。」

　　「良醫藥師本舖」擁有與長壽村相同「健康且長壽」的目標及熱情所在，共同踏出健康的步伐，希望結合「長壽養生村」的觀點，打造出一處適合居住、養生的場所，發展社區量能，帶領青銀三代一起邁向健康。

　　在這樣的一個社區老齡結構下，提供多元化的健康諮詢活動，連接並發展地方特色，串聯人與人

定期參與公益活動，關懷老人，在日常中守望相助。

的關係與感情，就像沖繩在日常生活中守望互助，更能夠帶來快樂與富足。我們希望能夠實踐這份健康願景，真正做到「幼有所靠、壯有所用、老有所需」。

具體來說，坪林社區醫療能夠提供哪些服務，讓長輩們更健康呢？

我們在起初增進醫藥合作，同時透過良醫藥師本舖的健康空間，結合更多領域的專業人士，共同舉辦生動活潑的健康講座，提供造訪坪林的朋友，能感受「健康創生的力量」，並展望健康的養生村型態。

「良醫藥師本舖」為了迎接遠道而來的遊客，規劃一系列活動，包括結合探索自然山水、在步道上騎乘自行車、感受愜意的品茶生活，讓人們能夠放下手機、戒除「3C 成癮」，體會一下慢生活的樂趣，真正地忘掉煩憂，重新沐浴在茶鄉生態與健康之中。

> 「幼有所靠、壯有所用、老有所需」，真正實踐這份健康願景。

「健康行動車」，坪林小鎮帶動健康風潮

藥師，是大眾最容易認識到的醫療人員，「行動健康車」概念，則是用來照顧地方健康，同時結合茶鄉文化，拓展茶鄉型態與跨界和專家、學者交流合作，發展出具有延續性的健康長壽村概念。

這也是中醫巡迴醫療在坪林這麼受歡迎的原因之一，當醫藥服務可以打破冷冰冰的印象，改用親民且零距離的對話方式，換位思考，就能與在地打成一片，讓小鎮健康觀念動起來！

「健康行動車」的概念，能夠同步發展「坪林圖書館行動借書車」的做法，拉近服務的距離，可以讓人們很快地感受到即時互動與回饋，而不會因為有一些障礙不敢出門，或者畏懼參加活動的人因此退縮。

運用行動借書車的概念，拉近服務距離，讓人們感受即時互動與回饋。

健康活動豐富的經驗，為藥舖子創造不一樣的面貌。

唯有良好的社區型態，才能發揮人與人之間的互相交流，增進情感，增進健康。

台灣早期有「快餐車」的出現，就是為求方便快速，可立刻解決「民以食為天」的飲食問題，如今世代交替，在吃飽喝足之後，「健康問題」變成關注重點。

疫情時代的影響與探討層面相當廣泛，想要提升免疫力，就要從食、衣、住、行、育、樂等日常習慣開始，一點一滴累積下來，達成健康的期待。

從國際流行病學和健康樂活趨勢分析，哈佛公共衛生學院「2021-2022 最新的飲食指南」規劃健康飲食餐盤，建議四分之一的蛋白質、四分之一的五穀雜糧，搭配建議超過四分之一的蔬菜，種類越多越好，再加上部分的水果、一到兩杯的牛奶和適

量的水，以及日常的活動，這是最基礎的健康餐盤概念。

在良醫藥師本舖的定位上，要符合「健康行動車」是站在第一線，同時要能面對各種各樣的問題，我與外子花費大量時間在世界各地搜集情報，也為了因應台灣的島嶼氣候和本地潮濕特性，在老屋動線上從「松竹蘭梅」寓意健康情境，設計「減齡餐盤」，歸納整理日常挑選健康食材的方式，透過營養、運動與良好作息，達到對抗自由基、活化端粒酶、減齡抗老化的對策，不只健康延壽，還可以逆齡、提升活力，保有良好的生活品質。

看著眼前古樸莊重、風韻猶存的老屋，一路走來的辛苦歷程，彷彿就發生在昨天而已，往事歷歷浮現，每一步都是如此不容易。

我深知這只是一個健康起點，在未來的發展中，有更多熱愛生命健康的人們，將會一起參與並守護「健康共學世代」的行列，良醫藥師本舖是一個大家庭，故事未完待續……。

吸引更多熱愛生命健康的人們，一起參與並守護「健康共學世代」的行列。

,, 設計「減齡餐盤」活動，
歸納整理日常挑選健康食材的方式。 ,,

02

共善共好，
人人都能成就自己的
健康事業

歷經 1,000 多個茶日子的醞釀與揉捻，

良醫藥師本舖終於坐落眼前。

一陣茶葉的香氣，迎面而來，那是茶葉的芬芳，古早味茶人的氣息……。

坪林在四季中變化，隨著茶葉採收和比賽茶活動，充滿許多鮮活的記憶，在新舊翻修一年多的日子，牆面上和木框之間，留下了歲月斑駁與交織的痕跡。

打開封存 51 年的歲月，
酸甜苦辣樣樣嘗過

「良醫藥師本舖」歷經 1,000 多個茶日子的醞釀揉捻，如今終於坐落在眼前。

歲月斑駁，這是人生的常態，卻也成為每一步努力復刻的生命歷程。每一個腳印，都是在這片土地上人們的足跡，每一段歷程都記錄著深淺不一、高低起伏、巧妙融合的人生之歌。

封存 51 年的老街屋，如何在變動世局中，與未知宿命共存？

歷經滄海桑田，當繁華褪去之後，外觀的磨損、刻痕、斑塊……，都訴說著光陰的歲月。在腳下的路，一旦前進就不容退後，這場「天將降大任」的任務，才剛剛開始——。

就這樣，一路的走走停停，正因為走過的路，才叫做人生路。回頭望去，苦中有甜，酸中帶甘，豐富了我們的歲月。這些斑駁的印記，累積成生活

與親朋好友在茶鄉相見歡，機會難能可貴。

深深感謝，一路上同行的每一位貴人。

的智慧，相信逆境之後見光明，柳暗花明又一村，短暫的挫折就像跨過一條橋，可以對著空中，大口大口地喘著氣，提醒自己不要想得太多，後面接續的是新生代再接再勵的步伐。

「不管你走到哪裡，繼續向前行，那裡就會開出一條道路來！」那些參差不齊、凹凸崎嶇的足跡，好比是人生的一場場修行，走過這一遭，才能體會出它的好與壞，最後匯流入大海，沉潛出「上善若水」的共好境界。

深深感謝，一路上同行的貴人，豐富了這趟旅程，成就斑斕多姿的「上善健康行願」。

上善健康行願，為生命留下圓滿足印

那段忙碌的坪林時光，像一本書，深藏我心。

良醫藥師本舖的健康展望，我們有太多的目標

和方向，有待一一實踐，過程中感恩先人的智慧，腦海中想要感謝的人太多太多——感謝元佑設計團隊的李志成總監、劉乃華與吳育謙設計師，願意多次修改所交付的任務；外子的吳菁芬堂姐，從開業到形象設計，專注日式細節並注入鮮明的感動元素；在重要時刻，陳耀璋夫妻指導、聯力董事陳登均夫婦上善若水，和順分享福氣；李健銘工作室在原木專業領域的協助！看見匠心堅守的精神，每個人都是成就健康世代的守護者。

當然，還有默默關心的街坊好鄰居——「玄子居」、「滴滴香＆幸福小廚」、祥茂食品「阿樂師」陳忠鑠四代全家福、「坪林茶莊」楊超銘、「艾米果」、「達哥」陳老闆、林萬子夫婦、高明富夫妻、李家鑫夫婦、黃水樹夫婦，陳進來夫婦等，共同成就這份願景。

良醫藥師本舖是數不清的貴人予以幫助，才能完成的良舖。

每份正向回饋，都讓我們這條健康道路上走得踏實。

「每一哩路的陪伴者，我們一齊走過！」最後獻上深深的一鞠躬。

「人生道路」總會出現無數個藍圖，其中包括學業、理想、愛情、婚姻、事業等等，多年來，我持續朝著設定的「健康」方向前進。

歲月有痕，唯求共善、共好、共老，這份「上善健康行願」如同大智菩薩，為我的生命留下最精彩的足印。

「惠蘭，我真的好敬佩妳的勇氣！」一位朋友對我說。

「認識張大力院長多年，聽聞張院長近幾年的重視飲食的健康推廣，同時正在籌備松竹蘭 Healthy Club 這個計劃，真是令人感到無比興奮！」我們的好朋友 Tina 充滿喜悅地分享道。

「我認為張院長為大家開啟的健康養生殿堂，正符合現代人類社會的需要。我茹素 20 多年來，並且從事 100% 有機食品事業也近 20 多年了，一直對瑜珈靜坐很感興趣。因此，對於張院長正在籌劃的事情，深感認同……。」感謝這些好朋友給予的正向回饋，讓我們這條健康道路，走得踏實。

> 多年來，我們持續朝著「健康生活」的方向前進。

老屋活化細節，新舊文化交融的空間創意

「B1 時光石頭牆」
──那道歲月的老石板

老屋地下一樓原是大食堂，老闆娘每日忙進忙出的腳步，每一踏階，迴廊地板就會發出嘎吱聲，彷若時光隧道的回音，在空間中迴盪著餘韻。

轉角處有一道歲月老石板，形成一座牆面，不免帶感情地想像：「從這些石頭上的痕跡，可以想像古早時先人吃苦精神和不懈努力，這些石頭刻痕記錄著承先啟後的歲月痕跡和歷史。」

修復老屋是一種承先啟後的象徵，更要留下深具意義的人文溫度和人情味，更重要的是串聯起世代間共同的感情、語言、生活與記憶。

設計師與建築師看到這面石頭牆時，直說：「挖到寶了，這要好好的保存。」因此，我們前後花費許多功夫，才把它完整保留下來。

如果建築物會說話，這片土地上，將乘載著世世代代的故事，迴盪人心。我深深地喟嘆著。

> ＂＂ 這道時光石頭牆
> 記錄著承先啟後的歲月痕跡和歷史。 ＂＂

在良醫藥師本舖 B1 的時光石頭牆。

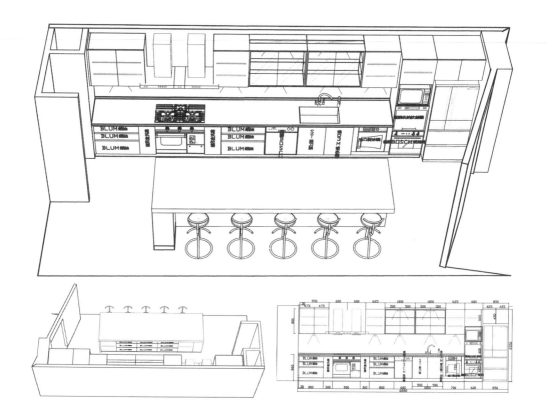

「B1 樂齡中島廚房」
梅──空間設計

　　樂齡中島廚房的設計，因應共食餐桌活動的動線，共食參與者能感受共煮桌菜融入健康共學的細節趣味。

　　整體空間規劃上，與設計師進行沙盤推演，符合把健康食材視野帶到餐桌，呈現風土餐桌的需求，從使用尺寸與材料，甚至到燈光的明亮度與角度流暢性，都是呈現食物的重點。

「各樓層防水工程」
——依序進行 5 度施工，鋪設玻璃纖維毯

屋齡半世紀以上的建築物，在防水的工程上花了很大的心思。

過程中，來回與設計師討論多次，工法上除了地坪全面鋪設玻璃纖維毯，進行多次施工，水溝部分深度加強，且局部再進行二次施工等繁瑣細節。

進行防水工程的位置，從頂樓陽台、B1 廚房、石頭牆、各樓層廁所空間及淋浴間、一樓大門口與三樓前區等處。

防水工程偶因天候不佳延遲，常常祈求天公作美，在團隊協力下把防水工程完善，讓這間老屋子成為一處堅實的健康庇護所。

記錄各樓層的多道防水工程。

歲月有痕，一生懸命，
這份健康行願，
在坪林留下醫藥精神的足跡。

感謝每位健康小舖的推手，
每一哩路的修行者

　　人生的旅程是一場修行，在這場修行中，都在學習如何更具韌性地面對一切。

　　從事醫療服務將近 30 年，此刻終於迎來了這份美好的緣起……。

　　在大力實踐健康共學的起點上，不管是從設計畫圖，到工班的各種工種和施工內容，大家不斷地持續精進、相互加油打氣。儘管在疫情時刻，歷經各種困難，猶如 51 年的老屋，承載著歲月痕跡與光陰的故事，裝修過程一如剝洋蔥般，總讓我們一邊剝著蓋著，一邊流下感動的淚水。

　　儘管如此，所有工作人員依然充滿活力，貢獻專業、展現才能，回憶起持續 1,000 多個的日子裡，

感謝先人的智慧和這一群「共好共老打拚」的每一
位參與者。後疫情時代，深深體會到最重要的抗老
處方，就是——終身學習，創造回饋社會的機會！

坪林是個充滿茶香與人情味的地方，在此體現
新舊文化交流的創意，激盪出青銀攜手的能量，這
裡有 104 歲的古早阿嬤，傳承著世世代代的茶人精
神與故事，一路上充滿大大小小的回憶，滿心感謝
每一位支持關懷我們的朋友！

我們非常歡迎將這松柏長青世代、永續的健康
能量，送到各個角落、帶到各位身邊。

" 最重要的抗老處方，
就是終身學習，
創造回饋社會的機會。 **"**

透過在地活動的新舊文化融合，達到終身學習。

品茶泡茶，也像人生一樣需細細品味。

以坪林為家，邀請一起來坪林相聚

當我們將視野再拉近一些，位於北台灣的「坪林」不只是一個地理名稱，位在台北都會區的郊外空間，依循這條四季變換風貌的北宜公路，彷彿重現光輝榮景，百年茶鄉風華。

坪林是採茶人的心靈故鄉，在地人的風土民情，以及遊客的後花園，平凡中的日常生活，滋養著我們。

「品味人生，歡喜來逗陣──」當我們漫走在坪林巷弄，時間似乎也慢了，茶席之中，以一顆寧靜的心，專注取用熱水，並緩緩注入茶壺，散發著清新淡雅的香氣，心情就像茶葉一樣，慢慢地舒展開來。

生活的閒情雅致，讓我們來一趟品味坪林之旅，慢走山城，感受包種茶香，從茶禪淨化中提升，「良醫藥師本舖」恭候大駕光臨，歡迎你一起來坪林相聚！

" 健康世代守望相助、共善共好，
感謝每個人都是
成就健康世代的守護者。 "

感謝天地萬物與前人智慧

成就坪林健康世代，共善因緣匯聚大德，才有今日「良醫藥師本舖」：

保坪宮，坪林所有鄉親父老、老街店家、「中醫巡迴醫療」郭明仁院長許淑娟（筱觀）闔家、創辦人張大力院長 ＆ 團隊，以及「成美醫療集團」林蓁總院長 ＆「同濟會」一校一會計劃，坪林國小獎學金、校園美化與修復的善行；陳進來夫婦、林萬子夫婦、諒枝建材行、玄子居紅茶之家、郭棗闔家、滴滴香茶行、祥茂食品阿樂師、鐘媽媽小吃店、幸福小廚、坪林豆腐本店、鼎宸茶莊、銘記茶棧、廟口雞排米粉湯、福長商號、梅花茶園、阿姑麴粿、坪林老街茶葉蛋、德志茶園、十方茶舍、全興茶業、達哥小吃、艾米果早餐、坪林茶莊、高益發茶行、順翔飯店、元佑設計李志成總監、劉乃華、吳育謙、吳菁芬、林洽榮、許明順、李朝榮、蔡永能、李家鑫與楊佳蓉、林炳東夫婦、王錦祥與何秀玲、高漢昌與蔡美惠、陳玉環、李淑玲、紀Sulin、郭鴦桂、朱水源夫婦、謝榮通夫婦、黃水樹夫妻、鬍鬚茶園、鐘文慶、周慶珍區長等尊敬的師長朋友，每個人都是成就健康世代的守護者。

林蓁總院長專業涵蓋各領域，兼備善良助人的成功精神（上圖）；郭明仁院長與張大力院長合影（中圖）。

發自內心的感謝
謝謝健康的「未來」

感謝坪林藥舖子的緣起，以及這段時間給予我們的照顧。

感謝去年、今年和明年，溫暖的人與溫暖的心意，投以一份會心的一笑，匯集成為「永遠的心靈微笑」，我將持續珍惜這份心靈的溝通，用微笑和服務傳遞健康和美善的意念。

過去，我們總是習慣於身邊的一切，真正重要的東西——人與人之間的「溫情」。

唯有知足與感恩的心，能夠讓社會充滿更多的溫暖。

從現在開始做起，知足感恩，把握當下，透過一次次表達出口的感謝，讓「溫情」像一股暖流，注入你我心中。

讓記憶追溯到 2013 年保坪宮的廟街文化，開啟了茶鄉人生的視野。

保坪宮，是坪林最早建立的廟宇，根據坪林鄉志所載，主祀玄天上帝、上帝公，其他祀有佛祖、天上聖母、福德正神、金母娘娘、張公聖君，每年農曆元月 15 日，鄉民為酬謝神明庇佑平安、五穀豐收，每年度舉行年尾戲，又稱平安戲，歡慶元宵則有燒獅、提燈籠、宴請親友吃拜拜等活動。

回想起來，這幾年熱鬧的廟街吃拜拜活動，印象深刻的還有迎媽祖的大拜拜，在坪林將近 3,000 多個日子，體驗到在地人文風情與茶節採收時的好時光。

其中，還記得豬哥亮演出的一部電影《大顯神威》是在 2016 年保坪宮現場拍攝完成，鄉親父老們都擠在現場，看著豬哥亮披著大衣的神采。

能夠完成健康世代青銀攜手這件事，多虧了一路先人、恩人、貴人的指導與幫助，這份感謝，請容我在此將他們的名字寫下──

　　藥舖子的興建過程中，與南山寺的住持有過請益之緣，住持說明聖祖歷坐落於此地的背景外，也與我一同祈求這份健康行願，佛光加持下光明圓滿，並獻上深摯的祝福。

　　造訪到南山寺時，除了日出、雲海等美景，也可以走一趟仙公廟，禮敬仙佛獻香。

　　在內心感謝的人很多，一一放在心中，並傳遞健康訊息和祝福給他們。

　　致敬──家人、長輩、朋友和左鄰右舍的好鄰居。

【附錄一】
本書作者簡介

劉惠蘭 藥師
R.Ph. Hui-Lan Liu

「品味人生，請用茶——」這是坪林生活的寫照，人生際遇並非偶然，來到坪林更是一份巧妙的機緣，2013 年搬來坪林，在此慢活過日子。茶鄉生活醞釀邁進第 10 年的時間，領受一茶一世界。

坪林在地人口老化，深感醫療缺乏，看見玖德中醫巡迴醫療提供健保服務和良善的資源，啟發活化醫療的重要，建立「良醫藥師本舖」，連結醫師和藥師合作的概念，讓畢生所學再精進，共同開創「松、竹、蘭、梅」健康空間。

醫藥合作融合當地特色文化，展現茶與咖啡養生飲品、多樣化的減齡飲食，從日常結合健康活動講座，有助提升身心靈三者的健康，每一個環節青年、壯年、銀髮族共同攜手，賦予傳承的永續精神。

/ 現職 /
東京風采整形外科診所執行長、總監
日本松竹蘭商社顧問
良醫藥師本舖創辦人、減齡餐盤推廣者

/ 著作 /
《良醫藥師本舖：坪林茶鄉✕老屋新生✕共善共好，打造松竹蘭梅健康販賣所》

【附錄二】
「良醫藥師本舖」創辦人簡介

張大力 院長
Dr.Ta-Lee Chang

老化的主要問題是慢性發炎與疾病，減齡抗發炎是一種健康的生活方式，以優雅的心態來面對抗衰老，預防醫學才能保持不生病（鏽）的生活。

日本東京研修期間，深受日本注重「長壽健康」養生保健的影響，持續關注「醫學美容」的安全與嚴謹的手術方式。

終身學習日新月異的醫療技術，是身為美容外科醫師需具備的精神。

/ 學經歷 /
日本東京昭和大學美容形成外科公費進修
日本南雲東京總院美容外科乳房外科進修

/ 現職 /
東京風采整形醫學美容中心院長
台灣美容外科醫學會第 15 屆理事
台北榮總美容中心特約主治醫生
良醫藥師本舖創辦人、減齡餐盤創辦人

/ 著作 /
《整形美學：日本美容外科 SMAS 筋膜、臉部、體型黃金比例學》
《拒糖‧抗老化：Dr 張大力日本美容若返研究美學》

抗發炎 減齡齒マ0

抗老逆齡．抗炎．幸せな生活

張大力院長 ╳ 減齡餐盤

60 兆細胞青春抗老活力

作者 張大力

編審 劉惠蘭

指導 小川和久（Ogawa Kazuhisa）

健康世代向前行，一起邁向健康長壽！

減齡餐盤 ╳ 抗發炎處方箋 ╳ 精準醫學無齡期待

── 內在減齡，外在樂齡，預約健康新常態！──

從整形醫學美容經驗，透過臨床個案管理，
從內到外落實減齡抗發炎，啟動身體自癒力。

研究觀察健康的長壽者，他們的共通性：
健康的飲食方式、良好的生活習慣。
均衡的飲食和愉快的生活方式，可以延緩老化的速度。

減齡抗發炎，在各種美容醫學整形的過程：
臨床經驗說明，不同年齡各項抗老化的階段和治療計劃，
可透過一系列健康檢查與美容醫學個案管理，達到標準化。

- 身高體重
- 血壓監測
- 血液檢查項目

- 生活運動飲食
- 健康體能的評量
- 運動類型與強度

未來的健康，有百分之八十以上
取決於你的生活習慣，而不是你的 DNA。

國家圖書館出版品預行編目 (CIP) 資料

良醫藥師舖子 : 坪林茶鄉 × 老屋新生 × 共善共好 , 打造
松竹蘭梅健康販賣所 / 劉惠蘭作 . -- 第一版 . -- 臺北市 : 博
思智庫股份有限公司 , 2023.2 面 ; 公分

ISBN 978-626-96241-8-8(平裝)

1.CST: 人文地理 2.CST: 文化 3.CST: 新北市坪林區

733.9/103.9/127.4   111018090

美好生活　44

良醫藥師本舖

坪林茶鄉 × 老屋新生 × 共善共好，打造松竹蘭梅健康販賣所

作　　　者｜劉惠蘭
編　　　審｜劉國銀、劉郭素卿
指　　　導｜李兆迅、李容瑢
企劃統籌｜張家惠
校　　　稿｜張家惠、張祐綾、張宸瑜、張淇雅
行銷策畫｜陳鈺沛、張修倫、林佳慧、陳怡如、劉亞蘭
攝　　　影｜劉惠蘭、吳志學、張修倫、劉偉平、劉偉華

主　　　編｜吳翔逸
執行編輯｜陳映羽
專案編輯｜胡　梭
美術主任｜蔡雅芬
媒體總監｜黃怡凡

發 行 人｜黃輝煌
社　　　長｜蕭艷秋
財務顧問｜蕭聰傑
出 版 者｜博思智庫股份有限公司
地　　　址｜104 台北市中山區松江路 206 號 14 樓之 4
電　　　話｜(02) 25623277
傳　　　真｜(02) 25632892

總 代 理｜聯合發行股份有限公司
電　　　話｜(02)29178022
傳　　　真｜(02)29156275

印　　　製｜永光彩色印刷股份有限公司
定　　　價｜380 元
第一版第一刷　2023 年 2 月

ISBN 978-626-96241-8-8
© 2023 Broad Think Tank Print in Taiwan

博思智庫股份有限公司

博思智庫粉絲團　Facebook.com/broadthinktank